Pfingstblätter
des Hansischen Geschichtsvereins.
Blatt VI. 1910.

Wismar im Mittelalter.

Von

Friedrich Techen.

Leipzig,
Verlag von Duncker & Humblot.
1910.

Alle Rechte vorbehalten.

Altenburg
Pierersche Hofbuchdruckerei
Stephan Geibel & Co.

Inhalt.

	Seite:
Einleitung	1
Gründung und Erweiterung der Stadt	1—2
Überblick über die Geschichte Wismars im Mittelalter	2—10
Umschau in der Stadt	10—27
Die Bürger	27—32
Der Rat	32—41
Die Beamten	41—43
Die Steuern	43—45
Der Erwerb der Bürger	45—58
Bruderschaften, Geselligkeit und Freuden	58—61
Kirchenwesen und Hospitäler	61—67
Armenpflege	67—68
Schulen	68—69
Literatur	70

Bei der Dürftigkeit der dafür fließenden Quellen lag die Frage nahe, ob es überhaupt gewagt werden dürfe, ein Bild vom mittelalterlichen Wismar zu zeichnen. Daran schloß sich die andere, ob das Bild, wenn es und wie es sich entwerfen ließe, einigen Wert für die Allgemeinheit haben würde.

Beide Fragen glaubte ich nach einigem Bedenken bejahen zu können. Sind die Quellen nicht reichlich, so lassen sie sich leichter ausschöpfen, und das Geschick, das viel Wertvolles hat untergehn lassen, ist doch insofern gnädig gewesen, als es manches Gute geschützt hat. Auch ist das Erhaltene, obgleich zum geringsten Teile ediert, seit Jahren in verschiedener Richtung durchgearbeitet. Hinzu kommt der Vorzug einer klaren, einfachen Verfassung, wie sie den Städten Lübischen Rechtes eignete, und lange Zeit hindurch kaum geänderter Verhältnisse, so daß von später beglaubigten Zuständen mit einiger Vorsicht auf frühere zurückgeschlossen werden darf. Endlich können die benachbarten und rechtsverwandten Städte mit Fug hier und da zum Vergleich herangezogen werden.

Nun gehört Wismar freilich nicht zu den Städten, die im Mittelalter für sich bedeutend hervorgetreten sind. Dafür ist es aber auch keine der kleinsten, und dieser Umstand wie auch die Stellung, die es im Kreise der Wendischen Städte einnahm, lassen es wohl geeignet erscheinen, es als Typus einer Mittelstadt des nördlichen Deutschlands anzusprechen.

Die Zeit der Gründung der Stadt Wismar steht nicht so fest, daß man dafür Jahr und Tag angeben könnte. Aber es läßt sich ein Zeitraum von wenigen Jahren bestimmen, in den die Gründung fallen muß. Die Stadt besteht nämlich im Jahre 1229, noch nicht jedoch im Jahre 1222. Es wird aber ratsamer sein, sich die Entstehung der Stadt näher dem späteren als dem früheren Jahre zu denken. Schon ein paar Jahrzehnte vorher wird der Hafen genannt und werden Rechte der Schweriner Bürger daran bezeugt. An seinen tiefsten Einschnitt ins Land rückte die neue Stadt, während das ältere Dorf Wismar, auf das noch gegenwärtig die Namen Altwismar-Tor und Altwismar-Straße hinweisen, abseits, südöstlich vom innersten Hafen lag, seine Kirche in unmittelbarer Nähe des von der Weide abgenommenen Soldatenkirchhofes. Zwischen Dorf und Stadt floß die Wismar-Aa, die Scheide der Bistümer Schwerin und Ratzeburg, von der der Name der Stadt unmittelbar hergeleitet ist. Denn sie heißt früher ständig de stat to der Wissemare.

Wismar ist wahrscheinlich sogleich auf zwei Kirchspiele angelegt und eins der seltenen Beispiele im östlichen Deutschland, daß, wenn auch kein Fluß durch die Stadt fließt, so doch sicher in ihren frühesten Zeiten ein Abfluß aus dem großen neben Altwismar aufgestauten Mühlenteiche „die Grube" hindurchgegraben ist, vermutlich, um die Anlegung einer Wassermühle in der Stadt zu ermöglichen, vielleicht aber auch, da sich Brunnen nur in beschränkter Zahl anlegen ließen, der Wasserversorgung wegen. An ihrem Ausflusse war und ist die Grube durch breite Gewölbe überspannt, über denen an die Stadtmauer gelehnte Wohngelasse erbaut waren. Hierbei ergab sich zugleich die Möglichkeit, bei Feuersbrunst das Wasser aufzustauen. Hecke oder Gatter dienten wie beim Ausflusse so auch beim Eintritte des Wasserlaufs der Stadt zu größerer Sicherung.

Sehr bald zeigte sich, daß die beiden Kirchspiele der Altstadt der Bevölkerung nicht genügend Raum boten, und bereits vor 1250 war ein drittes Kirchspiel, die Neustadt, jenen angegliedert und einigermaßen ausgebaut, ohne daß sich eine Spur gesonderter Verwaltung dafür bemerkbar machte. Den so erreichten Umfang hat Wismar Jahrhunderte lang behalten und erst seit 1870 angefangen, ihn zu überschreiten.

Die Stadt lag im Gebiete der damaligen Herrschaft, des späteren Herzogtums Meklenburg, keine volle Meile nördlich von der Hauptburg, nach der das Land benannt ist. Im Jahre 1257 verlegte Herr Johann von Meklenburg seinen Sitz von dort in seine junge Stadt. Als aber diese sich während der Abwesenheit Heinrichs des Pilgers in den um die Vormundschaft für seine Söhne entbrannten Fehden wohl im Jahre 1276 mit Mauern umgab, während bis dahin Graben und Pfahlwerk hatten genügen müssen, führte sie ihren eigenen Bedürfnissen entsprechend den Mauerzug so, daß die herrschaftliche Burg außen blieb. Dieser Umstand neben dem anderen, daß der Rat 1292 zu der Hochzeit des jungen Herrn Heinrich mit der Brandenburgischen Beatrix die Tore nicht hatte öffnen wollen, veranlaßte nach der endlichen Rückkehr des Pilgers zu Ende des Jahrhunderts Vorwürfe und Ansprache. Andere Klagen über Erwerb von Landgütern, Vertreibung der Juden, Gefangensetzung des Vogts gesellten sich hinzu. Zu ihren eigenen Machtmitteln scheinen aber die Herren des Landes kein rechtes Vertrauen gehabt zu haben und wendeten sich daher an die Kirche, von der sie die Verhängung des Bannes über Wismar erwirkten. Indessen wurden durch Vermittlung Lübecks die Streitigkeiten am 28. März 1300 dahin verglichen, daß die Herren ihre Burg vor der Stadt dieser für 6000 Mk. zum Abbruch verkauften und versprachen, niemals wieder eine Befestigung davor zu errichten. Dagegen überließ ihnen der Rat ein Grundstück inmitten der Stadt zu einer Wohnung. Diese sollte nie befestigt werden und stets dem Lübischen Stadtrechte unterliegen. Nur über Vergehungen der Hausgenossen wider einander und in Schuldklagen gegen Personen, die sich dort aufhielten, jedoch unter Ausschluß Wismarscher Bürger, behielten die Landesherren die Gerichtsbarkeit nach ihrem Rechte. Brandstifter, Diebe, Totschläger, Räuber oder andere Missetäter sollten, so ward bedungen, im fürstlichen Hofe keine Aufnahme finden. Ein etwaiger Kastellan aber sollte von Schoß und Nachtwache frei bleiben.

Die derart hervortretende Selbständigkeit der Stadt ward in den nächsten Jahren weiter durch den Erwerb von Vogtei und Zoll verstärkt. Dann aber kam ein Rückschlag durch den 1311 zwischen den Fürsten und Städten ausgebrochenen Kampf.

Die an der Meklenburgischen und Pommerschen Küste gegründeten Städte waren von Anfang an durch ihr Recht unmittelbar wie Rostock und Wismar oder mittelbar wie Stralsund über Rostock in enge Verbindung mit Lübeck gesetzt. Die Handelsbeziehungen der Bürger und die Notwendigkeit, sich gegen Raub und Anfeindung zu schützen, führten bald zu weiterer Vereinigung einmal der Kaufleute im Auslande, dann der Städte selbst. Freilich hat es eine Zeit gegeben, wo Lübeck gegen Stralsund feindlich vorging und mit Rostock in Streit lag. Dieser wurde 1256 in Wismar durch dessen Vermittlung beigelegt und die glücklich hergestellte Eintracht unter seinem hier zuerst vorkommenden großen Stadtsiegel beurkundet. Im Jahre 1259 verbanden sich Lübeck, Rostock und Wismar gegen die Seeräuber. In den sechziger Jahren faßten Wismar und andere nicht genannte Städte Lübischen Rechts Beschlüsse zum Besten aller Kaufleute Lübischen Rechts, zur Reinigung der See von Räubern und, zwar nicht zu gemeinsamer Abwehr von Angriffen, aber doch zu einer gegenseitigen Unterstützung derart, daß nur dem Landesherrn gegen eine der Städte Beistand und Vorschub geleistet werden sollte. Jährliche Zusammenkünfte wurden vorgesehen. Dann verglichen 1281 Lübeck, Rostock und Wismar einen Streit zwischen Stralsund und Greifswald und endlich schlossen sie 1283 nebst anderen Genossen mit den benachbarten Fürsten den bedeutsamen Rostocker Bund und Landfrieden. Dieser Bund bewährte sich kurz darauf im Kriege gegen Norwegen, und seitdem ward das Verbündnis der Städte wiederholt erneuert. Mit ihrer Unterstützung konnte sich Lübeck an Wisbys Stelle als Oberhof für Nowgorod setzen. Im neuen Jahrhundert jedoch trat Lübeck unter den Schutz des Dänischen Königs Erich Menved und nahm diesen von dem Bündnisse aus, das es im Hochsommer 1310 wiederum mit seinen Genossen schloß, während es von der früheren Verbindung dieser „zu großen Sachen" ferngeblieben war. Das Bündnis selbst von 1308, das der darüber so berichtende Chronist im Auge hat, unterscheidet sich laut der Urkunde von den früheren dadurch, daß die Verpflichtung zu gegenseitiger Hülfe schärfer bestimmt und die frühere Ausnahme des eigenen Landesherrn nicht erwähnt wird. Bald galt es die Probe. König Erich vereinigte 1311 die norddeutschen Fürsten um sich vor Rostock zu Festen und Turnieren, und, als ihn die Stadt nicht aufnehmen wollte, ob sie gleich seit Jahren seiner Hoheit unterstand, wandelten sich die Festspiele in Kampfspiel. Die ersten Zielpunkte des Angriffs waren Wismar und Rostock. So viel nun auch die Chroniken, namentlich die

Kirchbergs, über das Fest und die Einzelheiten des Kampfes bringen, so sind wir doch über den eigentlichen Grund und die Absichten der Fürsten durchaus auf Vermutungen angewiesen. Sicher ist das eine, daß der Anlaß zum Angriffe auf Wismar nicht, wie erzählt wird, eine Weigerung der Stadt gewesen ist, ein Hochzeitsfest innerhalb ihrer Mauern abhalten zu lassen, und unwahrscheinlich das andere, daß König Erich den großen Hoftag um seiner selbst willen vor Rostock anberaumt hat und daß diese Stadt Ruhe und Frieden gehabt haben würde, wenn sie sich den Festgenossen geöffnet hätte. Der Gegensatz zwischen Fürsten und Städten hatte sich so verschärft, daß die Frage ausgetragen werden mußte, wer der Stärkere wäre, und diesmal waren es die Fürsten. Was Wismar anlangt, so zeigte es sich rasch, daß es sich trotz der Hülfe Rostocks und der anderen verbündeten Städte nicht halten konnte, zumal nachdem die Bürger bei einem Ausfalle großen Verlust erlitten hatten und die Rostocker heimgerufen waren. Der Angriff hatte am 11. Juli begonnen, und am 15. Dezember machte Wismar seinen Frieden mit seinem Landes= herrn. Teuer genug war er. Die Stadt mußte Zoll und Vogtei und die ihr verpfändeten Mühlen ohne Entgelt zurückgeben und auf die Bezahlung ihrer Forderungen an ihren Landesherrn ver= zichten, außerdem noch sechs Judenfamilien einnehmen. Amts= ausschreitungen von Vogt, Zöllner, Münzer, Müllern und Juden sollten künftig nach Landesrecht abgeurteilt werden, über andere Vergehungen derselben aber der Vogt mit den Ratmannen Gericht halten. Damit die Stadt jedoch ihren Bundespflichten nach= kommen könnte, ward ihr zugestanden, daß sie zur See mit einem Koggen und einer Snicke und den dazu gehörigen Booten helfen, auch sonst innerhalb der Mauern der verbündeten Städte diesen Beistand leisten dürfe, aber auf eigene Gefahr. Schließlich mußte, was nicht im Vertrage abgemacht ist, Wismar es dulden, daß Herr Heinrich sich an der Stadtmauer in der Nähe des Meklen= burger Tors einen neuen umwehrten Hof erbaute.

Jahrzehnte vergingen, ehe die erlittene Einbuße wieder ein= geholt werden konnte. Zwar daß die Seestädte im Lande auch nach ihrer Niederlage geachtet dastanden, beweist zur Genüge die Tatsache, daß ihre Ratmannen bald darauf (ebenso wie etwa hundert Jahre später) einen Platz in der vormundschaftlichen

Regierung für die minderjährigen Herren Albrecht und Johann erhielten. In dieser Zeit der Vormundschaft brachte Wismar den befestigten fürstlichen Hof 1329 durch Kauf an sich und übergab seinem Herrn wieder den Fürstenhof inmitten der Stadt zu demselben Rechte wie ehemals. Behaglich scheint Herr Albrecht sich dort nicht gefühlt und sich nur während der Dauer der Vormundschaft dort vorzugsweise aufgehalten zu haben. Und wenn er auch die Verdienste Wismars wie Rostocks im Kampfe mit seinen ritterlichen Vasallen anerkannte und überhaupt die Städte begünstigte und sich auf sie stützte, so verlegte er doch nach dem Erwerbe der Grafschaft Schwerin seinen Sitz in die minder mächtige Grafenstadt, und seitdem ward der Fürstenhof nur vorübergehend, besonders zu Gerichtstagen und Festlichkeiten bezogen. Zweimal aber hatten solche Festlichkeiten verhängnisvolle Folgen. Ein Turnier in Wismar brachte dem tüchtigen Herzog Heinrich III., Albrechts Sohn, 1383 den Tod und ein anderes machte den einzigen Sohn Herzog Heinrichs V., Herzog Philipp, unfähig zur Nachfolge. Vogtei, Gerichtsbarkeit und Zoll gelang es der Stadt erst 1373 wieder rückkäuflich zu erwerben, nachdem diese Gerechtsame sich Jahrzehnte lang in der Hand bald des einen, bald des anderen Pfandbesitzers befunden hatten. Die Münzgerechtigkeit kaufte die Stadt 1359, die Gruben- und die Küter-Mühle (diese vor dem Meklenburger Tore) 1371, die fürstlichen Juden ward sie bei Gelegenheit des großen Sterbens 1350 los. Somit war rund sechzig Jahre nach jener Niederlage der vorherige Rechtszustand wieder erreicht und die herrschaftlichen Regalrechte wieder gewonnen.

Weit früher hatte sich das in dem unglücklichen Kampfe zerstörte Verhältnis zu den benachbarten Städten hergestellt und durch neue Bündnisse zu Befriedung der Straßen und der See weiter ausgebildet dergestalt, daß auch der Deutsche Kaufmann den Beschlüssen der Städteversammlungen unterworfen ward und ferner von Städten der Deutschen Hanse geredet werden konnte (seit 1358). In diesem Verbande blieb Wismar fortan und gedieh mit ihm und durch ihn, bis neue Zeiten die Handelsbedingungen umgestalteten und die Hanse erst hinsiechen, dann hinsterben ließen.

dem Genusse der hansischen Privilegien abhängig sei, und besonders 1581 behauptet, die Stadt müsse verarmen, wenn sie auch nur Ein Jahr aus der Hanse ausgeschlossen würde. Läßt sich bei solchen Aufstellungen nicht verkennen, daß es höchst gelegen war, sie machen zu können, so muß zugestanden werden und ward durch die spätere Entwicklung nur zu traurig bestätigt, daß in der Tat Wismars Wohlergehen von seinem Anteile an den hansischen Vorrechten wesentlich abgehangen hat.

War nun in der Hanse auch Wismar, wie schon einleitend bemerkt ist, durchaus keine der größten Städte, so war es doch als den Wendischen Städten, dem Kerne jenes Verbandes, angehörig und durch seine nahe Nachbarschaft wie vermöge seiner stets engen Verbindung mit Lübeck kein unbedeutendes Glied in der Kette. Dadurch konnten selbst Schwierigkeiten überstanden und Zerwürfnisse schließlich in Güte beigelegt werden, die unter anderen Verhältnissen die Ausschließung aus der Hanse mit Notwendigkeit herbeigeführt haben würden. Wie die ersten bezeugten Verhandlungen der Wendischen Städte 1256 in Wismar stattgefunden haben, so hat noch oft, namentlich in der Zeit von 1363 bis 1430 die Stadt die Städteboten in ihren Mauern gesehen. Mehrfach ist Jahr für Jahr, nicht selten zwei oder sogar drei Male in Einem Jahre in Wismar getagt worden, zuletzt überhaupt wohl im Jahre 1506. Besondere Bündnisse wurden 1461 mit Lübeck, 1482 aber mit Rostock abgeschlossen.

Mit seinen Landesherren ist Wismar nach 1311 nicht wieder handgemein geworden, wenn auch einige Male starke Spannungen eintraten und die Erbitterung in den Langejohannschen Händeln um 1460 groß genug war. Wiederholt dagegen ist es mit Dänemark Feind geworden, dessen König auch jener Fehde nicht fern gestanden hatte, ob es sich gleich bei dem Vorwiegen seiner Dänischen Handelsinteressen gewiß nie leichtfertig dazu entschlossen hat, vielmehr eher wie z. B. 1492 zu Zurückhaltung geneigt war. In diese Kämpfe geriet es sowohl als Meklenburgische Stadt wie als Glied der Hanse und später willenlos als Schwedische Festung.

Im Jahre 1358 war es ein Krieg Herzog Albrechts von Meklenburg gegen den mit den Holsteinischen Grafen fehdenden König Waldemar, der den Dänischen Hauptmann Peter Dene zu einem Vorstoß gegen Wismar veranlaßte. Es geriet ihm übel, denn er ward von den Wismarschen gefangen, die diesen Sieg so hoch einschätzten, daß sie ihn durch eine jährliche Weinspende zum 2. Juli an die Pfarrer und Klöster in Erinnerung hielten. Danach nahm Wismar an den beiden hansischen Kriegen mit demselben Könige teil. Der zweite brachte die Hanse auf den Höhepunkt ihrer politischen Machtstellung. In enger Verbindung mit dem zweiten hansischen Kriege gegen Dänemark standen die Bestrebungen und Kämpfe der Meklenburger um die Herrschaft in Schweden. Und als dies Unternehmen schließlich für den Meklenburgischen König Albrecht schlecht ablief und er 1389 in die Gefangenschaft seiner Gegnerin Margarete geriet, da war es, daß Rostock und Wismar, um Hülfe zu schaffen, den Vitalienbrüdern ihre Häfen öffneten. Mochte aber auch den Bürgern mancher Gewinn von der Beute zufließen, so konnte das kaum die in den langwierigen Kämpfen erforderten Aufwendungen und die Ausschließung aus ihrem vornehmsten Handelsgebiete ausgleichen. Zugleich verfeindeten sie sich weithin im Osten und im Westen mit den eigenen Genossen und entgingen nur eben der Verhansung. Von allen Seiten zogen sie sich drohende Ersatzansprüche zu. Darauf war denn ihre Antwort, man wisse wohl, wie sie dazu gekommen wären, ihre Häfen zu öffnen, und daß sie keinen Vorteil davon gehabt hätten, sondern verderbte Leute seien; und von geleistetem Ersatz erfährt man nichts. Endlich trat im Norden Ruhe ein und wurden auch diese Händel beigelegt, wozu Lübecks Vermittlung und die Zeit das Beste tat. Wie sich aber das Unwesen der Seeräuber noch lange erhielt, so blieben auch gewisse Beziehungen zwischen diesen und Wismar. Es scheint sogar, als ob der berüchtigte Störtebeker und Götke Michel hier ihre Heimat gehabt hätten, und auch der spätere Kaperhauptmann Bartholomäus Vot hatte in Wismar wenigstens vorübergehend seinen Wohnsitz.

Als es dann etwa sechzig Jahre nach dem Stralsunder Frieden für die Wendischen Städte galt, ihre Vorrechte in Dänemark zu verteidigen und Vorstöße König Erichs dagegen abzuwehren, ließ es Wismar nicht an sich fehlen und hielt bis zu Ende an Lübecks Seite aus, während Stralsund und Rostock vorher Frieden schlossen. Wohl lösten die anfänglichen Unglücks=

fälle eine schon seit Jahren bestehende Unzufriedenheit mit dem Rate aus, führten seinen zeitweiligen Sturz herbei und brachten die Handwerker mit ins Regiment, aber der Kriegführung tat das keinen Abbruch. Schließlich konnte die Stadt auf ihren Anteil daran mit Genugtuung zurückblicken, als der Friede von Wordingborg 1435 auch ihr die Freiheit vom Sundzolle sicherte. Anders ein Jahrhundert später. Schon in einem zwischen Dänemark und den Wendischen Städten wegen Schwedens 1509 ausgebrochenen Kriege hatte Wismar 1511 bei einem Überfalle der Dänen fast wehrlos dagelegen und schweren Schaden gelitten. Und es würde in seiner damaligen Erschöpfung sich an dem Wullenweverschen Kriege um den Dänischen Thron kaum beteiligt haben, so wenig wie 1522 und 1523, wenn nicht sein Herzog Albrecht dem Phantom, Dänischer oder Schwedischer König zu werden, nachgejagt und seine beiden Seestädte tiefer in die Sache verwickelt hätte. Aus Rücksicht auf ihren Landesherrn konnten sie hernach nicht zugleich mit Lübeck einen glimpflichen Frieden machen, sondern gelangten erst nach manchen Bemühungen und vielem Verhandeln 1537 gegen eine schwere Zahlung zur Aussöhnung und zur Zulassung zu ihren früheren Privilegien.

Im Gegensatz hierzu hat die Teilnahme an den wiederholten Kriegszügen der Herzoge in die Mark oder ins Pommersche 1419, 1452, 1468 und 1469 Wismar schwerlich allzu tief berührt, ist aber dadurch bemerkenswert, weil die von den Bürgern geleistete Kriegsfolge über die Grenzen des Landes hinausging, während gegen Ausgang des Jahrhunderts die Stadt behauptete, dazu nicht verpflichtet zu sein. Die Mannschaft ward dabei auf Wagen befördert. Beim letzten Zuge geriet ein Ratmann Johann Mane in Gefangenschaft.

Als Episode mag angeführt werden, daß 1487 die Rostocker Universität für kurze Zeit Aufnahme gefunden hat, wie nach 1430 für längere Jahre Mitglieder des vertriebenen Rostocker Rates.

Wismars Blütezeit während des Mittelalters war offenbar die zweite Hälfte des 14. Jahrhunderts. Damals in den funfziger Jahren befand sich die Schwedische Krone als Pfand in den Händen des Bürgermeisters Herman Walmerstorp, und was mehr sagen will, hielt sich der Zinsfuß in der Stadt und für die Stadt im Durchschnitt niedriger als für Rostock und war anderseits die Einnahme aus dem Pfundzolle höher als dort. Um 1470 war schon ein starker Rückgang im Wohlstande eingetreten, der sich greifbar in den Verordnungen zu Erhaltung der Häuser und den Geldnöten der Kämmerei, auch der Kirche zu St. Georg dokumentiert. Auch die große Zahl der Grundstücke, die die Kirchen kurz vor der Reformation besaßen und zu denen sie nach Lage der Dinge nur, um ihre Rentenforderungen zu retten, gekommen sein können, ist ein unverkennbares Zeugnis für die Entwertung, die Platz gegriffen hatte. St. Marien besaß im Jahre 1518 außer der Wedem, dem Archidiakonatshause und der Küsterei nicht weniger als 18 Häuser und 94 Buden, von denen die Kirche sich nur langsam seit 1540 freimachen konnte. Über die Ursachen des Verfalls, den ein Historiker des 16. Jahrhunderts auf die inneren Unruhen von 1427 zurückführt, wird später zu sprechen sein.

Halten wir jetzt Umschau in der Stadt. Es ist schon gesagt worden, daß sie anfänglich auf zwei Kirchspiele, St. Marien und St. Nikolai, angelegt, sehr früh aber das dritte von St. Georg daran angeschlossen ist. Sowohl die älteren beiden Kirchspiele wie nachher die drei zusammen bilden eine Art Oval, das größere mit einem Inhalt von rund 64 Hektar. St. Nikolai nimmt die nördliche Niederung ein, an den Hafen schießend, von der Grube durchschnitten. Auf dem südlich daran stoßenden Hügel breitet sich St. Marien-Kirchspiel aus mit dem ungemein großen Marktplatz in der Mitte, während die westwärts davon gelegene Kirche fast unmittelbar an die alte Umpfählung gerückt war. Denn die Kellerstraße, Grüne Straße, Kleinschmiedestraße, Windstraße, anderseits die Speicherstraße und eine in ihrer Richtung über den Heil. Geist gezogene, dann nach der Kellerstraße abgebogene Linie bilden die Grenze des Kirchspiels. Zwei Hauptstraßenzüge, nach Süden hin sich nähernd, nach Norden zu auseinanderstrebend, an zwei Seiten des Marktplatzes vorbeistreichend, durchziehen die Altstadt in ihrer größten Ausdehnung. Geschnitten werden sie im Norden durch den Spiegelberg, an der Nordseite des Markts aber von der Lübschen- und Altwismar-Straße, und zwischen diesen Straßenzügen verlaufen in gleicher Richtung die

Grube und, die beiden altstädtischen Kirchspiele scheidend, die Breite Straße, Bademutter- und Gerberstraße. Die Regelmäßigkeit der ersten Anlage ist also unverkennbar. Ebenfalls regelmäßig laufen die Straßen der nach Süden und Südwesten vorwiegend dem Marienkirchspiele angeschlossenen Neustadt, worin sich nach Süden hin der Hügel abdacht, nach Westen hin die Niederung fortsetzt. Natürlich sind die Straßen der Altstadt fortgeführt und wie dort dem Gelände angepaßt. Tore waren dem Hafen zu eine ganze Anzahl kleinerer vorhanden und ein Hauptor, das einzige, das noch steht, die Helleporte. Umgehn wir die Stadt von da in östlicher Richtung, so treffen wir nach einander auf das Pöler Tor (ursprünglich Harolds-Tor geheißen), dann das Alt-wismar-Tor, das Meklenburger Tor, wohin Meklenburger- und Dankwartsstraße zusammenliefen, und endlich das Lübsche Tor. Mit den Toren sind zugleich die Hauptrichtungen des Verkehrs bezeichnet, wenn man sich vergegenwärtigt, daß das Lübsche Tor seinem Namen entsprechend nach Lübeck, das Altwismar-Tor ihm gegenüber nach Rostock weist, während das Meklenburger Tor sich den Straßen nach Gadebusch und Schwerin öffnet. Die Straßen der Stadt, deren Namen außer den ganz unbedeutenden bis zu Ausgang des 13. Jahrhunderts sämtlich bezeugt sind, danken ihre Benennung zum Teil den Toren, die sie abschließen, wie Lübsche Straße, Altwismar-Straße, Meklenburger Straße, Vor dem Pöler Tor, zum Teil ihrer Art und Gestaltung wie Neustadt, Frische Grube, Salze Grube (später Breite Straße), Faule Grube (ur-sprünglich Vogts Grube, jetzt Wilhelmsstraße), Hohe Straße, Schild, Hege, Schopenstehl (Teil der Schatterau), teils der Nachbarschaft bedeutender Gebäude wie Hinter dem Rathause, Hinter dem Chor (von St. Nikolai), Bei den Minderbrüdern (jetzt Schulstraße), Hinter der Schule (jetzt Kellerstraße), Mühlen-straße, Schmiedestraße, Beim Fürstenhofe, Blidenstraße, Burgstraße (jetzt Schatterau), Bei der Ankerschmiede (jetzt Ziegenmarkt), Hinter dem Herrenstall (jetzt Bauhofstraße), Schüttingstraße (nach dem Schüttinge der Krämer), teils vorzüglich in ihnen an-gesiedelten Gewerbetreibenden wie Krämerstraße, Böttcherstraße, Gerberstraße, Kleinschmiedestraße, Sargmacherstraße, Altböterstraße (früher Judenstraße), Weberstraße, Baustraße (d. h. Straße der Ackerbürger), Grützmacherstraße, teils Personen, Familien, Ständen wie Dankwartsstraße (ursprünglich Dankmersstraße), Bohrstraße (entstellt aus Bozstraße), Kröpelinenstraße (jetzt Bademutterstraße), Schürstraße, Blücherstraße, Königsstraße, Papenstraße, Beginenstraße. Andere Namen sind noch nicht erklärt oder in der Erklärung unsicher, vor allem Spiegelberg, Lohberg, Schweinsbrücke, Hundestraße, Krönkenhagen. Bei Negenchören mag ein scherzhafter Bezug auf die neun Chöre der Engel zu Grunde liegen, wie auch Glatter Aal offenbar ein Scherzname ist, Schatterau (früher Burgstraße) mag eine unwirtliche, schmutzige Örtlichkeit bezeichnen sollen. Da die Namen früher nicht von Obrigkeit wegen festgesetzt, sondern vom Volksmunde gegeben sind, kann es nicht auffallen, daß sich mehrfach ein Schwanken zeigt und wiederholt ein Name dem andern hat Platz machen müssen. Für einzelne Straßen sind sogar fünf Namen nachweisbar, die einander abgelöst haben. Übrigens würde man irren, wenn man annehmen wollte, daß diejenigen Gewerbe oder diejenigen Familien, nach denen Straßen benannt sind, vor andern irgend hervorgeragt hätten. Waren die Kröpelin auch eine Familie von Bedeutung, so waren es die Blücher und König nicht. Von den Gewerben aber überragten die Wollenweber, die an der Faulen Grube dicht an dicht wohnten, die Bäcker und Schuhmacher diejenigen, deren Namen Straßen tragen, und die Schmiedestraße darf nicht auf das freilich bedeutende Gewerk der Schmiede zurückgeführt, sondern muß von der Schmiede des Rates hergeleitet werden. Nach der Bebauung, wie sie aus der zweiten Hälfte des 15. Jahrhunderts bekannt ist, lagen die meisten und vermutlich auch die stattlichsten Häuser in der Lübschen-, der Meklenburger-, der Dankwartsstraße, in der Altwismarstraße und Hinter dem Rathause, am Markte und am Spiegelberge. Auch die untere Grube war stark mit Häusern besetzt.

Märkte gab es zwei in der Stadt, den großen oder gemeinen Markt, meistens schlechthin Markt genannt, von dem ein Teil auch Pferdemarkt geheißen ward, und daneben den Hopfenmarkt, der ebenfalls im Marienkirchspiel, aber hart an der Grenze da gelegen ist, wo Krämerstraße, Böttcherstraße, Breitestraße, Bohrstraße und Bademutterstraße zusammenstoßen. Jungen Datums ist die Benennung Ziegenmarkt.

Geschützt und umschlossen war die Stadt in den ersten Jahr-

zehnten ihres Bestehens durch ein urkundlich mehrfach bezeugtes
Plankenwerk mit einem Graben davor. Von dem Bollwerke der
Brücke beim Heiligen Geiste sind 1874 beim Sielbau Reste auf=
gefunden, und der morastige Grund, der bei gleicher Gelegenheit
in der Kleinschmiedestraße aufgedeckt ward, findet im ehemaligen
Stadtgraben dort seine Erklärung. Erst in den während der Ab=
wesenheit Heinrichs des Pilgers herangebrochenen stürmischen
Zeiten begann man, wie früher zu erwähnen war, wohl 1276 mit
dem Bau einer Mauer. Noch 1296 und 1304 werden Grund=
stücke als bei der neuen Mauer gelegen bezeichnet, dagegen scheint
an anderen Stellen noch 1290 und 1306 das Plankenwerk fort=
bestanden zu haben. Bis zum Jahre 1865 hat man diese Stadt=
mauer, um Umgehung der städtischen Akzise zu verhüten, in Stand
gehalten. Jetzt stehn nur noch geringfügige Reste. Die Höhe
der Mauer war, so wie sie im 19. Jahrhundert bestand, ungleich.
Im Durchschnitt maß sie mit Einrechnung der Zinnen 3 1/2—4 m.
Die Zinnen sind nahezu 1,70 m breit, 60 cm hoch und halten
einen ihrer Höhe ungefähr gleichen Abstand von einander. Die
Dicke der Mauer beträgt an ihrem Fuße kein volles Meter.
Mauertürme und Wikhäuser, die nach außen nur wenig vor=
sprangen, waren sehr ungleich verteilt. Ein Verzeichnis etwa vom
Jahre 1470 zählt 35 Berchfrite und das Schmiedehäuschen auf.
Doch wird man sich diese zum Teil als Aufbauten oder Anbauten
von Holz vorzustellen haben. Der Wismarsche Geschichtsschreiber
des 18. Jahrhunderts Mag. Dietr. Schröder berichtet von
28 Türmen über den Toren und Mauern. Drei besonders
mächtige Türme (der mittelste der Kaiser genannt) standen in der
Gegend der Zeughausstraße, je etwa 20 m von einander entfernt,
und waren an 30 m hoch. Sie sind 1699 einer Pulverexplosion
zum Opfer gefallen. Jetzt sind nur noch zwei Türme übrig.
Auch die Tore waren durchweg, wie noch zu Menschengedenken
das Pöler, turmartig ausgebaut, wogegen das allein erhaltene
Große Wassertor (die Helleporte) hausartige Giebel zeigt. Das
Meklenburger und das Pöler Tor hatten in der zweiten Hälfte
des 15. Jahrhunderts Vortore bekommen. Außerhalb der Mauer
lief ein tiefer breiter Graben rund um die Stadt. An seiner
Säuberung und Instandhaltung zu arbeiten, war Bürgerpflicht,
wie er natürlich von den Bürgern gegraben war. Vor dem

Graben lag der Wall, der beim Auswerfen jenes von selbst entstehn mußte. Erwähnt wird er nur selten, doch schon 1290. In geringer Entfernung vor den Toren konnten die Zufahrtsstraßen durch Rennbäume gesperrt werden, die öfter, zuerst im 14. Jahrhundert begegnen. Zingel finde ich 1272 und 1410 bezeugt, Rondele 1522. An der Verstärkung der Werke ward 1475 und wiederholt im 16. Jahrhundert gearbeitet und zu diesem Zwecke Wall- und Grabengeld erhoben. Inzwischen haben die Waldsteinische und die mehrfachen Schwedischen Befestigungen, hernach deren Niederlegung das Gelände so gründlich umgestaltet, daß eine Erforschung der mittelalterlichen Anlagen wenig Erfolg verspricht. Verstärkt waren sie in nicht geringem Maße durch die Wismar rings umgebenden Wiesenniederungen und Wasserflächen, vor allem den großen Mühlenteich vor dem Altwismar-Tor und den Neuen Teich zwischen dem Meklenburger und Lübschen Tor. Die Feldmark umzog, wo nicht die natürliche Bodenbildung dies überflüssig machte, ein weiterer Stadtgraben und Wall, der mit Dornen und Bäumen bepflanzt war, die Landwehr, meist einfach Stadtgraben geheißen. Die Zeit der Anlage kennen wir nicht, nur wird 1399 der neue Graben beim Koschenorte (vor dem Altwismar-Tor) bezeugt. Dort, wo die Landstraßen die Landwehr schnitten, waren Burgen (auch propugnacula oder berchvrede genannt) angelegt. Sie bestanden wohl durchgängig aus einzelnen Türmen nebst Rennbäumen. Die wichtigsten waren die Lübsche Burg, die Kritzower Burg (nach Warin zu), die Hornstorfer Burg (nach Rostock zu) und das Rote Tor (nach Gadebusch und Schwerin zu).

Die hervorragendsten Bauten in der Stadt waren von je wie noch jetzt die drei Pfarrkirchen St. Marien, St. Nikolai und St. Georgen. Die letzte war anfangs Hospitalkapelle vor der Stadt gewesen und die Änderung wohl der Anlaß, daß sie als Pfarrkirche neben dem Ritter Georg als Hauptpatron den Bischof Martin erhielt. Schließlich hat die Bequemlichkeit Martin zurücktreten und in Vergessenheit geraten lassen. Daß die Kirchen nicht von Anfang an die gewaltigen Bauten gewesen sind, die unsere Bewunderung erregen, ist nicht nur selbstverständlich, sondern auch durch Zeugnisse und aus dem Augenscheine nachweisbar. Wir wissen von zwei Hauptbauperioden, dürfen aber und müssen an-

nehmen, daß den in den letzten Jahrzehnten des 13. Jahrhunderts
oder in den ersten Jahrzehnten des folgenden begonnenen, schon
sehr stattlichen massiven Bauten andere, wohl aus Holz oder mit
Holz aufgeführte, vorangegangen sind. So stellen sich die Kirchen
als lebendige Zeugen der Entwicklung der Stadt dar. Gebaut
haben sie die Kirchspielsbürger ohne andere Mitwirkung der
Geistlichkeit als vielleicht durch Mahnen oder Beisteuer und ohne
nennenswerte Beihülfe von außen, wenn auch für St. Georgen
1464 in Lübeck gesammelt ist. Die Bürger aber strebten, es den
Nachbarstädten gleich oder zuvor zu tun, und ein Kirchspiel wollte
wieder hinter dem anderen nicht zurückstehn. Von St. Marien
werden die unteren Teile des Turms aus dem Ende des 13. Jahr=
hunderts herrühren, das Schiff in seiner ursprünglichen Anlage
und der Chor aus den ersten Jahrzehnten des vierzehnten. Danach
sind dem Langhause Kapellen vorgelegt, eine laut Inschrift im
Jahre 1339. In demselben Jahre ward mit Johann Grote ein
Vertrag über den Bau des Hochschiffes geschlossen. Der Chor ist
1353 geweiht. Die Hallen waren noch nicht vorhanden, als man,
wohl 1381, begann, St. Nikolai nach dem Muster von St. Marien
neu zu bauen, die südliche wird 1414 als neuer Bau genannt.
Den wahrscheinlich in der zweiten Hälfte des 14. Jahrhunderts
ausgebauten wuchtigen Hauptturm schmückte, sicher seit dem Brande
von 1539 bis zum 5. Januar 1661 ein Dachreiter. Demnach ist
die Kirche im wesentlichen ein Werk des 14. Jahrhunderts. Über
die Entstehung der jetzigen Nikolaikirche sind wir durch Inschriften,
Urkunden und eine Chronik unterrichtet. Den Beginn der Bau=
tätigkeit geben die Zeugnisse aber verschieden an und setzen ihn
entweder 1381 oder 1386. Schon die damals abgebrochene Kirche
war mit Kapellen ausgestattet. Der von Osten her von Heinrich
von Bremen in Angriff genommene Neubau ist zunächst nur bis
an die (damals noch nicht vorgesehenen) Hallen geführt und wieder
ins Stocken geraten. Im Jahre 1403 ist das neue Hauptaltar
geweiht. Dann ist 1434 der Bau auf Betreiben des Werkmeisters
Peter Stolp durch Herman von Münster wieder aufgenommen.
Das Kirchenschiff ist 1459 geweiht, der Turm oder vielmehr seine
oberen Stockwerke sind von Hans Martens 1485 und 1487 gebaut.
Ein stolzer Helm krönte ihn bis 1703, wo ein Dezembersturm
diesen auf die Kirche stürzte. St. Nikolai stammt also aus den

letzten Zeiten des 14. und aus dem 15. Jahrhundert. Von
St. Georgen geht der Chor in dieselbe Zeit zurück wie der von
St. Marien, also etwa von 1310 bis 1320. Dann hat man gemäß
einer Inschrift im Jahre 1404 die Fundamente des Glockenturms
gelegt und diesen zu bauen begonnen. Darauf ist der Bau unterbrochen, bis in den vierziger Jahren der von St. Nikolai her bewährte Herman von Münster auch hier eingetreten ist und Kirche
und Querschiff gebaut hat. Eingewölbt ist das letzte von dem
ebenfalls an St. Nikolai tätig gewesenen, 1497 verstorbenen,
Hans Martens. In den neunziger Jahren hat man, wie die
Anlage der Sakristei zeigt, verzweifelt, den Bau planmäß zu
Ende führen zu können, nachdem schon in den sechziger Jahren die
Kirche in Geldnot geraten war. Den Willen zur Weiterführung
bekunden aber die Verzahnungen dem Chor zu. Der vom Mittelalter unfertig hinterlassene Glockenturm wird hoffentlich in nicht
zu ferner Zeit aus den Mitteln des Wulffschen Testaments stattlich
vollendet werden.

Neben den drei Pfarrkirchen erhoben sich ehemals zwei ebenfalls ansehnliche Klosterkirchen. Die der 1251 oder 1252 nach
Wismar gekommenen Franziskaner oder Grauen Mönche stand
mitten in der Stadt im St. Nikolai-Kirchspiel. Sie ist zuerst
1283, nochmals in der ersten Hälfte des 14. Jahrhunderts umgebaut und vermutlich 1348 neu geweiht. Es war eine dreischiffige
Hallenkirche mit polygonalem Chorschluß. Wenn sie 1810 in dem
Antrage auf ihren Abbruch klein genannt wird, so wird man sich
das aus ihrem Verhältnisse zu den Abmessungen der Pfarrkirchen
zu erklären haben. Der Abbruch hat 1816 begonnen, und jetzt
stehn nur noch unscheinbare Mauerreste. Die Kirche der 1292
hier eingezogenen Dominikaner oder Schwarzen Mönche liegt im
Südosten der Stadt der Stadtmauer so nahe, daß sie auf Grund
fürstlicher Begnadigung ihr heimliches Gemach darüber anlegen
konnten, gerade wie die Klarissen in Ribnitz, und wie gleiche Einrichtungen den Minoriten in Stralsund und Greifswald nachgegeben
waren. Später hat der Rat das zu beseitigen gewußt. Von der
Kirche steht noch der von Martin Kremer begonnene, 1397 geweihte
Chor, während das ihn überragende ältere dreischiffige Kirchenschiff
1878 niedergelegt ist. Kapellen waren sowohl hier wie bei den
Franziskanern angebaut. Die übrigen Klosterbaulichkeiten waren

einfach gehalten, nahmen aber einen ausgedehnten Raum ein. Im Kloster der Grauen Mönche war bis zu ihrem Neubau auf demselben Grundstücke (1891) die Große Stadtschule (Gymnasium) untergebracht. Was von dem der Schwarzen Mönche noch erhalten ist, gewährt Pfründnern Unterkunft oder dient wirtschaftlichen Zwecken des alten Krankenhauses, während an der Stelle des Kirchenschiffes die Knabenbürgerschule errichtet ist. Klein gegenüber diesen Kirchenbauten ist die Kirche des Hospitals zum Heiligen Geist. Sie zeigt Reste eines romanischen Dachfrieses und wird dem Ende des 13. und dem Anfange des 14. Jahrhunderts zugeschrieben. So schlicht sie gehalten ist, würde ihre früher mehrmals angeregte Entfernung eine empfindliche Lücke im Straßenbilde zurückgelassen haben. Geradezu malerisch ist der Hof.

Der ersten Hälfte des 14. Jahrhunders angehörig ist die Kapelle Marien zur Weiden neben St. Marien, deren schöne Verhältnisse trotz langer Vernachlässigung und Mißhandlung nicht zu übersehen sind. Verschwunden sind die anderen Kapellen, die im Mittelalter das Stadtbild belebten. Es waren ihrer drei oder vier. Auf dem Kirchhofe von St. Marien erhob sich noch die zur Sühne für die Hinrichtung des Bürgermeisters Banzkow und seines Schicksalsgenossen Heinr. von Haren 1433 errichtete Blutkapelle. Auf St. Nikolaikirchhof standen eine von dem Ratmann Gottschalk Witte 1383 gestiftete und eine von Seiten der Kirche 1496 daneben gebaute Kapelle. Diese letzten beiden gehörten schon im 18. Jahrhundert der Vergangenheit an, die Blutkapelle ist 1850 abgebrochen. Ob die Kapelle, die der Pöler Pfarrer Konrad Wamekow im Hofe des Klosters Doberan (vor 1334) errichtet wissen wollte, gebaut ist, wissen wir nicht.

Von anderen öffentlichen Gebäuden ist vor allem das Rathaus zu nennen. Ein solches wird zuerst bald nach 1260 erwähnt. Im Jahre 1292 aber nahm der Rat zum Bau seines steinernen Hauses Geld auf. Die Frage, ob es von je an seinem jetzigen Platz gelegen habe, kann hier unerörtert bleiben: 1350 brannte es ab. Von dem darauf unter reichlicher Verwendung schwarzglasierter Ziegel in schönen gotischen Formen errichteten Neubau sind noch erhebliche Teile in dem im Anfange des 19. Jahrhunderts zum Teil doch nur umgebauten Rathause erhalten: in erster Linie der treffliche gewölbte Keller und die ehemals offene

Gerichtshalle im Westen. An einzelnen Räumlichkeiten werden die große und die kleine Laube, das Gemach der Kämmerer und die große und die kleine Schreiberei genannt. Der Ratsstuhl schloß sich an die große Laube an. Eine besondere Kapelle hatte es so wenig wie die Rathäuser der verwandten norddeutschen Städte. Ebensowenig hat es ein eignes Archivlokal gehabt. Die Stadt= bücher, Testamente und andere Urkunden wurden auf der Kämmerei aufbewahrt, die wichtigsten Urkunden beherbergte aber im 15. Jahr= hunderte ein Schrank uppe der treppe, alz men up dat radhus geit. Die Huldigungen werden auf der Rathauslaube stattgefunden haben, von wo auch die Bürgersprache verkündet ward. In den unteren Räumen hatten die Gewandschneider ihre Stände. Daß größere Festlichkeiten, wie Hochzeiten, mit Vorliebe im Rathause abgehalten wurden, ist selbstverständlich. Bald nach der Mitte des 16. Jahrhunderts trat aber dafür das Neue Haus der Brauer und Kaufleute (jetzt die Eberhardtsche Hof= und Ratsbuch= druckerei) ein.

Sehr wenig wissen wir über den mittelalterlichen Fürstenhof. Es sind aber bei der Einrichtung des Johann Albrecht=Baues für das Amtsgericht im Untergeschosse und im ersten Stockwerke gotische Profilierungen aufgefunden, die beweisen, daß jener Herzog 1554 wesentlich einen Durchbau vorgenommen und ein weiteres Stockwerk aufgesetzt hat. Das so umgebaute Haus war aber wahrscheinlich der von seinem Oheim Herzog Heinrich 1506 er= richtete Saalbau, woraus Gerüchte einen Festungsbau gemacht und daher Aufregung in den Wendischen Städten hervorgerufen hatten. Der westwärts daran stoßende Flügel ist ebenfalls von Herzog Heinrich 1512/13 erbaut.

Von städtischen Gebäuden mag neben dem Rathause am meisten die an der Westseite des einst größeren Marktplatzes er= baute Reihe schmaler Buden in die Augen gefallen sein, wodurch die Hege gebildet und wonach sie benannt ist. Diese Abhegung scheint im Anfange des 14. Jahrhunderts eingetreten zu sein. Jene Buden aber waren nach den bis tief ins 19. Jahrhundert erhaltenen Resten zu Ausgang des 14. Jahrhunderts und im folgenden unter Verwendung reichen Schmucks gebaut. Einfacher war die Budenreihe hinter dem Rathause gehalten, abgesehen von den westlichsten frei dem Markt zugekehrten und dem die Ecke bildenden Hause der Ratsapotheke, die einen schönen gotischen Giebel wohl aus der ersten Hälfte des 15. Jahrhunderts der Lübschen Straße zukehrte. Eine ältere Ratsapotheke hatte in der Krämerstraße gelegen. Die Apotheke ist von der Stadt 1797 verkauft, während sie früher stets verpachtet ward. Wie die Apotheke so lag auch das Haus der städtischen Münze anfänglich, im 14. Jahrhundert, in der Krämerstraße. Im 16. ward sie in das Emkesche Haus verlegt, d. h. in das Haus am Markte, worin der Rat im späten 15. Jahrhunderte für seine Rechnung Eimbeker Bier ausschenken ließ. Es ist ebenfalls 1797 veräußert und gehört jetzt der Meklenburgischen Hypotheken- und Wechselbank. Die städtische Wage wird zuerst 1322 genannt, aber schon 1277 hat es einen Ratswäger und also auch die entsprechende Einrichtung gegeben. Nach der Bürgersprache von 1347 mußte auf ihr alles gewogen werden, was schwerer als ein Liespfund war. In älterer Zeit scheint die Wage bei der Wagebrücke an der Grube gelegen zu haben, später war sie der Brücke angeschlossen. Vom 13. bis 16. Jahrhundert begegnet ein städtisches Heringhaus an der Grube in der Nähe der Mühle, des Rates Backhaus im 15. und 16. Jahrhundert (1606 von der Schiffergesellschaft erworben), im 14. Jahrhundert ein Blidenhaus, wovon die Blidenstraße genannt ist, endlich noch ein Küterhaus, Gerberhaus und Pelzerhaus. Die Büttelei in der Büttelstraße kommt zuerst 1282 vor, der Kak oder Pranger auf dem Markte 1335. Von einem Roland dagegen ist keine Spur. Bedeutender als die zuletzt genannten Anlagen war der städtische Marstall oder der Herrenstall in unmittelbarer Nähe des Altwismar-Tors, woran bis 1876 der Name der damals in Bauhofstraße umgetauften Straße Hinter dem Herrenstall erinnerte. Gegenüber an der anderen Seite des Tors lag die Herrenschmiede. Mit dem schon 1294 bezeugten Marstalle war eine bedeutende Acker- und Wiesenwirtschaft verbunden. Die Ackerwirtschaft ist um das Jahr 1600 eingestellt, die letzte Heuernte 1707 gehalten, der Marstall 1758 oder 1759 eingegangen, und das Gebäude gerade wie die Schmiede 1797 verkauft. Wieviele Pferde im Mittelalter gehalten sein mögen, wird schwerlich zu ermitteln sein. Brauchte die Stadt selbst im 16. Jahrhunderte vielleicht weniger, so wurden damals nicht selten ihre Pferde und Wagen vom fürstlichen Hofe in Anspruch genommen und ebenso bei festlichen

Gelegenheiten Trabanten erfordert, für deren Kleidung in Sammet und Seide dann ein Großes darauf ging.

Von den städtischen Mühlen war schon die Rede, auf die übrigen aber, die in größerer Zahl, meistens Wassermühlen, weniger Windmühlen, in der Nähe der Stadt lagen, kann ich mich hier nicht einlassen.

Zu den Kirchen gehören Pfarrgehöfte, Küstereien, Schulen und Werkhäuser. Von den jetzt bestehenden Baulichkeiten reicht die in zurückgezogener Stille lauschig gelegene Pfarre von St. Marien mit ihrem Hauptbau noch ins Mittelalter, etwa in die Zeit um 1500, zurück. Das wohl funfzig Jahre ältere zweite Pfarrhaus war damals die Wohnung des Werkmeisters. Auch die Alte Schule dieses Kirchspiels steht noch als ein Prachtstück der gotischen Ziegelarchitektur Norddeutschlands. Sie dürfte ums Jahr 1400 gebaut sein, war übrigens ehemals von größerer Längenausdehnung, mußte sie doch auch die Schüler aus dem Georgenkirchspiel aufnehmen.

Außer dem Fürstenhofe gab es in der Stadt noch manch andern Hof. Als solche bezeichnete man ausgedehnte Grundstücke mit reichlichem Hintergelaß, die oft zwei Straßenfronten hatten. Derartige Höfe besaßen die Klöster Doberan und Neukloster von 1312 und 1318 an, bis sie zu bestehn aufhörten, das Kloster Cismar von 1318 bis 1374, der Livländische Schwertorden von 1330 bis 1356. Dieser Hof hat später dem Bürgermeister Banzkow und sicher seit 1438 den Antonitern zu Tempzin gehört. Sein altes Portal können wir noch in der Papenstraße erblicken. Andere Höfe waren in Besitz einzelner Mitglieder der Mannschaft, noch andere im Besitz von Bürgern. Der Grüne Hof hat der Grünen Straße ihren Namen gegeben. In späterer Zeit war man geneigt, den reichlichen Platz mit Hinterhäusern zu besetzen, wie das in Lübeck und Hamburg im Großen geschehen ist. Hier verbot es die Bürgersprache von 1382 an und gestattete nur den Anbau an offenen Durchgängen.

Bescheidener an Umfang als die Höfe waren die Hausgrundstücke, die man gern als Erbe benannte, ein Name, der allerdings auch jene größeren mitbegriff. Was aber bei der Einteilung der Straßenblöcke in Erben überschoß, namentlich bei Eckgrundstücken an Seitenstraßen oder an Hinterstraßen, das ward mit Buden be=

setzt, die oft zu vier, fünf, sechs, sieben unter einem Dache vereinigt ein Zubehör zu einem Erbe bildeten. Aber auch einzeln sind sie zwischen Häusern eingesprengt. In den ältesten Stadtbüchern kommen bis 1300 hin viele unbebaute Wurten vor. Wurtzinse aber scheinen nur in geringem Maße und vorwiegend in Händen von Privaten bestanden zu haben.

Was die Bauweise anlangt, so sind massive Häuser anfangs eine Ausnahme gewesen. Das liegt in den Dingen, und daraus erklärt sich das Hervorheben steinerner Häuser in den Stadtbüchern zu Ende des 13. und im Beginne des 14. Jahrhunderts. Dem ältesten, das von ungefähr 1250 bis 1272 reicht, ist solche Unterscheidung noch fremd. Damals wird der Fachwerkbau ausschließlich geherrscht haben, wie er in jener beregten späteren Zeit vorgewogen haben wird, denn Holz= und Lehmhäuser werden zwar neben den Steinhäusern erwähnt, aber doch sehr selten. Die in den Stadtbüchern zu verfolgende stetige Zunahme der Steinbauten aber wird mit einer Willkür aus dem beginnenden 14. Jahrhundert zusammenhangen, wonach die Stadt zu massiven Bauten bis zu einer Höhe von 30 und einer Tiefe von 60 Fuß 5000 Steine zusteuern wollte. Um die Maßangaben zu vervollständigen, füge ich hinzu, daß die übliche Breite der Giebelhäuser 30 Fuß (etwa 8½ m) beträgt. Jene Willkür aber ist offenbar durch einen vermutlich 1305 ausgebrochenen verheerenden Brand hervorgerufen, dem ein anderer 1267 vorangegangen war und weitere in den Jahren 1377 und 1452 nachfolgten. Die Bedachung wird frühzeitig hart gewesen sein. Wenigstens deutet kein Zeugnis irgend einer Art auf das Gegenteil hin, wie das für andere Städte, z. B. für Göttingen der Fall ist. Schornsteine galten im früheren Mittelalter nicht für eine allgemein notwendige Anlage, und es ward den Bäckern erst 1420 aufgegeben, solche über ihren Backöfen zu erbauen. Wie aber in Lübeck 1466 Schornsteine bezeugt sind, die nur bis auf den Boden gezogen waren und die den Rauch binnen Daches abziehen ließen, so gab es solche hier noch im Jahre 1665. Als eine besondere Art unterschied man die Flämischen, auch darf nicht übersehen werden, daß unter Schornstein nicht nur eine Vorrichtung zum Abziehen des Rauches, sondern auch eine Heizungsanlage überhaupt verstanden worden ist. Die Giebel wurden in ältester Zeit weit überwiegend so einfach wie möglich hergestellt, und Bretterverschalung, vielleicht sogar Verzäunung wird auch bei Häusern nicht ausgeschlossen gewesen sein. Bei den Buden, die ihre Stirnseite der Straße zuwendeten, war Verschalung, wie man sie noch etwa in Travemünde sieht, wohl lange hin Regel. Massive Giebel verlangt zuerst die Verordnung zur Verhütung von Feuersgefahr vom Jahre 1829. Erst die zweite Hälfte des 14. Jahrhunderts wird mehr und mehr massiver Schmuckgiebel, ausnahmelos mit Treppenabstufung, gebracht haben, deren Überbleibsel noch jetzt eine Zierde der Stadt sind. Sogar Buden wurden dieses Schmuckes teilhaftig. Überhaupt zeichnete sich Wismar am Ende des Mittelalters, als Einwohnerzahl und Erwerb schon arg zurückgegangen waren, durch seine stattlichen Steinhäuser noch vor anderen Städten aus und konnte sich darin mit Rostock messen. Fachwerkhäuser haben auch damals nicht ganz gefehlt, und einzelne hatten sich aus der zweiten Hälfte des 16. Jahrhunderts bis fast in die Gegenwart gerettet. Da die Häuser ohne Zwischenraum an einander stießen, so vernotwendigte sich eine Fassung und Ableitung des Regenwassers und der Schneeschmelze. Dazu dienten aus Balken ausgehauene Rinnen, die auf die (oft gemeinsamen) Seitenmauern gelegt waren und so weit vorsprangen, daß sie den Wasserstrahl mitten auf die Straße ergossen.

Die Tür war in den Häusern stets in der Mitte angeordnet, und war sie wie bei den gotischen Giebelbauten zum Portal ausgestaltet, so reichte es mit seinem Bogen bis in den ersten Stock hinein. Die Türflügel werden in der Mitte quergeteilt gewesen sein. Der Einbau von Wohnräumen richtete sich nach den Bedürfnissen. Durchweg waren aber die Häuser nur für Eine Familie berechnet und nicht danach bemessen, noch Wohnungen für Mietsleute herzugeben. Freilich kommen Mietsverhältnisse häufig genug vor: schon 1279 ist in Wismar ein solches bezeugt, und 1429 gab es in Lübeck eine gesetzmäßige Umzugszeit. Es handelt sich aber fast stets um ganze Häuser und nur selten um einzelne Kammern. Oft wurden die Mietsverträge in der Art eines Kaufs auf Lebenszeit abgeschlossen. Für die Familie aber war das Bedürfnis an Wohnräumen nicht entfernt so groß wie jetzt. Entweder befand sich beiderseits der Tür eine Stube, von denen eine als Kontor dienen mochte, oder es war auch nur Eine Stube angelegt und an der anderen Seite ein Verschlag für den Handwerksbetrieb, wenn nicht etwa dort das Braugerät aufgestellt war. Nach hinten schloß sich die Küche an, und ihr folgte unter Umständen noch ein Gemach. Gegenüber der Küche war die Treppe angebracht, die (wenigstens im 16. und 17. Jahrhundert) auf eine quer durch das Haus gehende Galerie zu führen pflegte, von der aus man den Zugang zu den niedrigen Kammern des ersten Stockes gewann. Es kommen aber auch mehrere Treppen im Hause vor, auch Wendeltreppen. In der hinteren Hälfte des Hauses reichte die Diele durch die beiden unteren Geschosse, ihre Decke aber wurde durch einen mächtigen, oft mit Schnitzwerk verzierten Ständer gestützt. Alle oberen Geschosse, meist vier, selten fünf oder weniger waren Bodenräume, die durch Luken Licht erhielten. Hier war reichlich Platz, um Vorrat an Korn, Hopfen und sonstiger Ware aufzubewahren. Kornvorrat hielt sich aber nicht nur der Kaufmann, der Bäcker und Brauer, sondern auch der Bürger insgemein, und das nicht nur, weil man nach der Ernte am billigsten einkaufen konnte, sondern man war auch gesetzlich genötigt, Vorrat für ein ganzes Jahr einzunehmen, damit für alle Fälle Vorkehrung getroffen sei. In der ältesten Zeit wird man sich ohne Glasfenster haben behelfen müssen. Aber schon 1290 ward ein Herbordus, operarius fenestrarum, Bürger und außer ihm bis 1332 noch drei andere Glaser, alle vier von auswärts kommend, so daß ihre Zahl leicht größer gewesen sein kann. Der Glaser, der 1334 und 1335 der Stadt eine Bude abmietete, ist leider nicht namhaft gemacht. Sicher wird unser Norden gegen Wien nicht zurückgestanden haben, wo Enea Silvio um 1450 Glasfenster allgemein vorfand. Ja, ich halte es für wahrscheinlich, daß zu der Zeit, wo man die Kirchen mit den riesigen Fenstern ausstattete, also im 14. Jahrhunderte, die Verglasung in den Bürgerhäusern nicht mehr Ausnahme gewesen ist. Zur Sommerzeit hat sicher die Diele und wahrscheinlich sogar in hervorragendem Maße der Familie zum Aufenthalte gedient. Im Winter kroch man gewiß gern zusammen, denn die Heizvorrichtungen, seien es Kamine (Schornsteine) oder Kachelöfen, werden nicht allzuviel geleistet haben, und in der Regel wird schwerlich mehr als Ein Zimmer im Hause heizbar gewesen sein. Es ist bezeichnend, daß der

Witwe des sehr vermögenden Klaus Karbow zu Lübeck, die 1451 zu ihrem Vater Albrecht Murkerke zieht, für ihre Kammer ein Schornstein gebaut werden soll, falls sie es wünscht. Eine Einrichtung, die wir nicht mehr kennen, war das Handwasserbecken. Sonst erschöpfte sich, vom Küchen=, Trink= und Eßgerät abgesehen, der Hausrat so ziemlich in Bettstellen, Laden (Kisten), Schränken, Tischen, Bänken, Schreibpulten (Kontoren).

Noch beschränkter wohnte man in den Buden, die die Tiefe der Häuser bei weitem nicht erreichten und neben der Haustür nur für Ein Zimmer Platz boten. Auch werden die Querbuden, und die überwogen, meist nur Ein Geschoß gehabt haben. Schließlich kommen als Wohnungen armer Leute — man nannte sie im 15. und 16. Jahrhundert Kellerlöwen — Wohnkeller in Betracht. Sie waren durch einen besonderen Eingang (Kellerhals) von der Straße her von Haus oder Bude unabhängig gemacht. Gewölbte Keller, obgleich es daran nicht fehlte und solche mit mittelalterlichen Gewölben auch in Privathäusern sogar auf unsere Zeit gekommen sind, werden den Balkenkellern gegenüber stets die Minderzahl ausgemacht haben.

Vor den Häusern angesehener Leute waren vielfach Steindocken mit ihren Wappen aufgestellt, die Außenlehne von Bänken bildend. Sonst rückten die Türen zu den Wohnkellern weit auf die Leisten vor, und auch an Vorbauten von Schweinekoben wird es nicht gefehlt haben. Aushängeschilder in unserer Art kannte man nicht, dagegen werden schon damals Barbiere ihr Becken, Schlosser Schlüssel ausgehängt haben. Die Wohnungen der Träger waren durch ein Spunt an der Tür kenntlich. Verzog einer, so verlangte die Rolle, daß er es tilgte. Auch andere Häuser werden ihre Abzeichen gehabt haben und danach benannt sein wie Spuntkroch, grauer Esel, Schwan, Roter Hahn, Regenbogen. Andere benannte man nach Auffälligkeiten ihrer Gestalt wie Altarleiste, Badelaken, später Puderbüchse.

Stark vertreten gegenüber jetzt waren die öffentlichen Badestuben. Sie begegnen schon auf den ersten Seiten des ältesten Stadtbuchs, also um 1250 oder sehr bald danach. Im 14. und 15. Jahrhunderte dürften ihrer mindestens sechs nebeneinander bestanden haben. Die neue Badestube, von der Badstaven und Stavenstraße ihre Namen herleiten, taucht 1475 auf und dauerte, zuletzt kaum mehr gebraucht, in das 18. Jahrhundert hinein. Das Gerät einer Badestube, das 1523 von Gerichts wegen aufgezeichnet ward, bestand in 9 Butten und 17 Bänken. Das Publikum, das sie benutzte, wird recht gemischt gewesen sein. Da kamen nach einer Äußerung des Ribnitzer Chronisten Slaggert (1526) Männer und Frauen zusammen, Knechte und Mägde, jung und alt, Mönche, Taugenichtse, Huren und Buben, Kranke, Lahme und Gesunde. Aber doch schwerlich so ganz bunt durch einander, wenigstens war in Lübeck und Hamburg im 14. Jahrhundert die Badezeit für Männer und Frauen getrennt, anders als in Brügge und in Nowgorod. Häufig waren Diebstähle in den Badestuben, für die Zeit von 1400 bis 1428 bezeugt das Wismarsche Verfestungsbuch nicht weniger als sechs.

Nicht jede Nachbarschaft brauchte man sich gefallen zu lassen, und aus dem mittelalterlichen Lübeck liegen Beispiele vor, daß die Nachbarn sich der Einrichtung neuer Backhäuser, Brauhäuser, Talgschmelzen mit Erfolg erwehrten. Auch konnte der Nachbar eines verfallenden Hauses für daraus erlittenen Schaden Ersatz bei dem Eigentümer suchen, der Rat aber verlangte von Eigentümer und Rentner Wiederaufbau unter der Drohung, sonst das Grundstück einziehen zu wollen.

Kurz bevor diese Drohung in den Bürgersprachen erscheint, in den siebziger Jahren des 15. Jahrhunderts zählte man in der Stadt etwa 580 Häuser, 1300 Buden und 180 Wohnkeller, konnte aber natürlich mit Gebot und Drohung dem Verfall nicht steuern. Um 1510 waren 567 Häuser, 816 Buden, 44 Wohnkeller vorhanden, 1677 aber nur noch 440 Häuser, 680 Buden, 10 selbständige Wohnkeller. Die letzten Wohnkeller sind in der zweiten Hälfte des 19. Jahrhunderts verschwunden.

Die Straßen sind früh gepflastert. Schon aus den funfziger Jahren des 13. Jahrhunderts liegt ein Zeugnis dafür vor. Hat man aber auch zuerst an einen Knüppeldamm zu denken, so ward doch bereits im Anfange des folgenden Jahrhunderts Steinbelag verwendet. Die Sorge für das Pflaster lag den Anliegern ob, denen ihre Verpflichtung wiederholt eingeschärft wird. Oft kehrt das Verbot wieder, nicht ohne obrigkeitliche Erlaubnis den Damm aufzubrechen, ihn zu erhöhen oder zu senken. Im Jahre 1480 wird der allgemein üble Zustand des Pflasters beklagt und verlangt, daß ein jeder vor seinem Hause, seinen Buden und Kellern seinen Teil aufnehme und beffere. Leiften, die man jetzt nicht gerade schön oder geschickt Bürgersteige nennt, sind 1348 anscheinend zuerst bezeugt; in Braunschweig, Lüneburg, Köln sagte man Steinweg, in Süddeutschland bsetz. Die Mahnung, die Straße rein zu halten, kehrt in jeder Bürgersprache wieder, ohne daß man daraus (wie aus ähnlich wiederholten polizeilichen Bekanntmachungen unserer Zeit) auf ihre Erfolglosigkeit schließen dürfte. Diese Reinigung sollte sonnabendlich geschehen, das Kehricht aber nicht auf der Leiste verbleiben noch den Nachbarn zugeschoben, vor allem aber nicht bei Regen in die Rinnsteine geworfen werden. Eine Organisation des Abfuhrwesens muß schon im 15. Jahrhundert bestanden haben. Hinausgebrachter Mist sollte nicht die Nacht über auf der Straße lagern. Gegen Anfang des Winters aber, zu Martini, durchschritt der Fronerknecht abends die Stadt, um mit dem lauten Ruf: har (Schmutz) van der straten, edder mine heren laten panden zur Wegschaffung des Schmutzes aufzufordern. Besondere Mahnungen vernotwendigten sich gegen die schamlose Verunreinigung mancher Plätze. Sogar die nähere Umgebung des Rathauses, „wo doch fremde ehrbare Leute geistlichen und weltlichen Standes aus= und eingingen", war solcher Unfläterei ausgesetzt.

Straßenbeleuchtung war unbekannt. Wer während der Dunkelheit draußen zu tun hatte, mußte selbst sein Licht mit sich führen, wenn er nicht Gefahr laufen wollte, zu Schaden zu kommen. Er sollte aber auch ein Licht tragen, um sich den Wächtern erkennbar zu machen und den Verdacht unredlichen Vorhabens fern zu halten. Bei Feuersbrunst und anderer Gefahr werden auch in Wismar Pechkränze auf dafür angebrachten Pfannen für Licht gesorgt haben. Das geschah auch bei hohem Besuch, und außerdem sperrte man dann nachts die Straßen mit starken Ketten. Die Klammern dafür sind noch an einigen Eckhäusern wahrzunehmen.

Von einer Wasserleitung zeugt die 1422 vorkommende Benennung Gegenüber dem Pipensode (beim Ziegenmarkte), also in einer Gegend, wo das Wasser der Grube wegen der Nähe des Hafens ungenießbar war und Brunnen schwerlich gegraben werden konnten. Pipensot ist aber ein durch eine Rohrleitung gespeister Brunnen. Die Anlage wird sogar noch älter sein, da das 1357 bezeugte apud fontem nicht wohl anders bezogen und gedeutet werden kann. Umfänglich wird diese Leitung nicht gewesen und die Masse der Einwohner auf Privatbrunnen, mehr aber wahrscheinlich noch — man denke an den Bedarf der Brauer — auf den Bezug des Wassers aus der Grube oder von Wasserführern angewiesen gewesen sein. Die Leitung von Metelstorf her ist um 1570 entstanden.

Vor der Stadt dräute wohl stets der Galgen von der Höhe des jetzigen alten Kirchhofs vor dem Meklenburger Tor, und auf ihn wird die Nachricht von einem Bau aus Mauerwerk vom Jahre 1403 zu beziehen sein, woran man als ersten den Ritter Johann v. Göhren in Stiefel und Sporen gehängt haben mag. Jedoch sind auch anderswo, z. B. bei St. Jakobs vor dem Lübschen Tore, Hinrichtungen vollzogen, wo der nun unter den neuen Hafenanlagen verschwindende Galgengraben die Erinnerung an die ehemalige Richtstätte wach gehalten hat, und für das seefahrende Volk war zeitweise (z. B. 1489) am Strande vor dem Pöler Tor ein Galgen errichtet. Auf offnem Markte sind der Bürgermeister Banzkow und der Ratmann Heinrich v. Haren enthauptet. Eingescharrt wurden die Gerichteten 1495 auf dem Kagenmarkte, im 17. Jahrhunderte auf dem Kirchhofe von Alt-Wismar, wo ausgangs des 15. Jahrhunderts eine Kapelle zum Heil. Kreuze gebaut war.

Von dem Aussätzigenhaus vor dem Lübschen Tor wird später zu reden sein.

Fragen wir nach den Bewohnern der Stadt, so ist es mit Hülfe des ältesten Stadtbuchs möglich, eine Vorstellung über die Herkunft der während der ersten hundert Jahre ihres Bestehens Zugezogenen zu gewinnen. Sie stammen überwiegend und je später je mehr aus dem Meklenburgischen und den westlich und südlich benachbarten Gebieten, ein sehr beträchtlicher Teil aus Niedersachsen, Friesland, Westfalen. Auch der Niederrhein, Holland und Flandern sind nennenswert vertreten, und endlich stellt noch Dänemark ein gewisses Kontingent. Bedenklich ist es, die Einwohnerzahl vor dem Jahre 1799, wo zuerst gezählt ist, schätzen zu wollen. Vorab sind fast gar keine Steuerlisten erhalten, dann aber und vor allem fehlt es an dem zuverlässigen Schlüssel, um aus der Zahl der Steuernden die der Einwohner zu errechnen. So wie man jetzt zu rechnen oder zu schätzen pflegt, würde man für das Jahr 1475 Wismar auf gegen 8000 Einwohner anzuschlagen haben, und das mag einigermaßen zutreffen. Wahrscheinlich war derzeit die Bevölkerung im Rückgange. Übrigens bedeutete damals Wismar mit seinen 8000 Einwohnern in jeder Hinsicht viel mehr als jetzt mit der dreifachen Zahl.

Unterschieden wurden die Einwohner ihrer Rechtsstellung nach in Bürger, Geistliche und Gäste. Als Grundsatz ist anzunehmen, daß mit Ausnahme der Geistlichen jede selbständige Person, die sich dauernd in der Stadt niederließ, gleichgültig ob Mann oder Frau und ob zum Erwerben oder nur zum Wohnen, Bürger sein sollte. Auf die Kinder der Bürger, sofern sie zu der Zeit, wo Vater oder Mutter das Bürgerrecht erwarben, das zwölfte Jahr nicht erreicht hatten, erbte in Wismar wie weithin, vielleicht überall in Deutschland dies Recht. Sie traten, wie man es ausdrückte, in die Eidespflicht ihres Vaters ein, wurden auch während des ganzen Mittelalters weder zum Bürgereide herangezogen noch in die Bürgerliste eingeschrieben. Noch in der zweiten Hälfte des 16. Jahrhunderts, wenn die Zeitangabe (vor 20 Jahren) genau genommen werden dürfte, bis zum Jahre 1561 brauchte sich nach einer 1581 gefallenen Behauptung des Rates der Bürgersohn nur den Kämmerern vorzustellen und sich ohne Eidleistung gegen eine Zahlung von 4 Pfennigen in die Bürgerliste einschreiben zu lassen. Damals ist zufolge gleicher Quelle durch einen allgemeinen hansischen Rezeß angeordnet, daß auch Bürgerkinder vereidet werden sollten, und es ist von da an bis 1890 von diesen die Erlegung von 10 Schillingen und 6 Pfennigen verlangt worden, für die Fremden aber, die bis dahin diesen Satz zu zahlen hatten, derselbe erhöht und gemäß ihrer Leistungsfähigkeit wahrgenommen worden. Mittelalterliche Bürgerlisten sind allein von etwa 1290 bis 1340 erhalten.

Nach eignem Rechte lebten die Geistlichen, wurden aber wegen ihres etwaigen Grundbesitzes oder ihrer aus städtischen Grundstücken fließenden Renten, wenn auch nur mittelbar, zu Steuern herangezogen. Auch scheute sich der Rat nicht, gewisse Statuten zur Aufrechterhaltung von Ordnung und Sicherheit über sie auszudehnen.

Für die Gäste, die sich vorübergehend in der Stadt aufhaltenden Leute, waren ihre Wirte dem Rate dafür verantwortlich, daß sie sich den Ordnungen fügten und die Stadt nicht gefährdeten. Sie werden sehr geneigt gewesen sein, Bürgerrecht zu gewinnen. Wenigstens hatte die Hanse Anlaß zu verbieten, daß jemand in zwei Städten Bürger sei.

Handwerks= und Kaufgesellen, die einen eigenen Haushalt gründeten, werden ohne Zweifel Bürger geworden, vielfach übrigens Bürgersöhne gewesen sein. Ihrer Rechtsverhältnisse wegen hat man sich kaum Skrupel gemacht, sondern sie sicher einfach als der städtischen Jurisdiktion in ihrem ganzen Umfange unterworfen angesehen und behandelt.

Nicht völlig geklärt ist der mittelalterliche Begriff eines Einwohners. Dies Wort begegnet zuerst wohl in geistlichen Urkunden z. B. über die Ausdehnung von Bann und Interdikt, in städtischen Urkunden aber alleinstehend, um alle diejenigen kurz zu begreifen, die der städtischen Botmäßigkeit unterstanden, es kommt aber auch in gleicher Absicht ergänzend neben Bürger vor, und in der Anwendung auf einen einzelnen wird es beispielweise 1513 in einem Briefe des Wismarschen Rats für den Mag. Ludolf Slüsewegge gebraucht, obgleich er nach früheren Zeugnissen wirklich Bürger war und aus einem einheimischen Geschlechte stammte. Man wird aber gern zu dem bequemen Worte als Behelf gegriffen haben, da man sich bewußt war, daß doch nicht jeder Bürger geworden war, der es von Rechtswegen hätte werden müssen. Auch mögen Gäste, ohne ihr auswärtiges Bürgerrecht aufzugeben und ohne also Bürger werden zu können, bei längerem Aufenthalte in ein näheres Verhältnis zur Stadt getreten, und diese im besonderen als Einwohner bezeichnet sein. Solcher werden jedoch in Wismar nicht viele zu finden gewesen sein.

Landesherrliche Beamte gab es, nachdem das Gericht, der Zoll, die Münze und die Mühlen an die Stadt veräußert waren, nicht in der Stadt, wenn man nicht den Kastellan, der den Fürstenhof gehütet haben muß, anziehen will. Ritter oder ritter=

mäßige Mannen sind nach Niederbrechung der fürstlichen Burg nur in geringer Zahl in Wismar ansässig gewesen, und die einzelnen, denen man gestattete Grundstücke zu erwerben, mußten sich verpflichten, sie nur an Bürger zu verkaufen.

Die Juden sind, mindestens zum Teil, Bürger gewesen. Ihre Zulassung oder Stellung — das Genaue ist nicht bekannt — gab mehrere Male Anlaß zu Zwistigkeiten mit den Landesherrn. Ebenso verursachte die Entführung des Danies durch den Knappen Heine Behr, der ihn nächtlicher Weile über die Mauer schleppte, 1339 Ungelegenheiten, wenn sie auch mit einer „glorreichen" Sühne endigten. Die hiesigen Juden scheinen sehr wohlhabend gewesen zu sein. Der ihnen gegenüber Bürgern erlaubte Wucher, wöchentlich 3 Pfenninge von der Mark, erreichte aber auch 80 v. H. im Jahre. Rostocker Juden nahmen nachweislich 108 v. H., während in Straßburg funfzig Jahre später 22 v. H. gestattet waren. Aus Wismar verschwinden die Juden mit dem großen Sterben von 1350, an das sich eine Judenverfolgung anschloß, und erst das Jahr 1866 hat ihnen wieder Zutritt verschafft.

Der Bürger war verpflichtet zu schossen, zu graben und zu wachen, d. h. Steuern zu zahlen, am Stadtgraben zu arbeiten, Grube und Hafen zu reinigen und Wache zu leisten, aber auch sich an der Verteidigung der Stadt und an Kriegszügen zu beteiligen. Der Pflicht, zu graben und zu wachen, vermutlich auch der Wehrpflicht konnte durch Vertreter genügt werden.

Die Gesamtheit der Bürger unterschied man in erbgesessene Bürger oder Bürger schlechthin, und in Ämter und Gemeinheit. Bürger im vollen Sinne des Wortes war derjenige Bürger, der ein volles Haus zu eigen hatte. Solch Haus berechtigte ihn, sich gegen eine gewisse Abgabe to late (zur Verlosung) schreiben zu lassen und an der alle sieben Jahre wiederkehrenden Auslosung der städtischen Ackerstücke teilzunehmen. Anderseits war er verpflichtet, sich einen vollständigen Harnisch zu halten. Wie die Listen über Schoß und Wachtgeld und später über Kontribution und Service nach den Kirchspielen gesondert geführt wurden, so berieten, beschlossen und wählten bei gegebener Gelegenheit die erbgesessenen Bürger nach Kirchspielen getrennt, eine Scheidung, die vermutlich auch in der Wehrverfassung zu Tage getreten ist. Wurden in den Zeiten bürgerlicher Unruhen Ausschüsse gebildet, so stellten zu diesen die Bürger meist doppelt so viel Mitglieder als die Ämter: 20 gegen 10, 40 gegen 20, allerdings auch 9 gegen 6. In dem von 1583 bis 1830 bestehenden Ausschusse saßen 20 Bürger und 20 Amtleute.

Die Ämter umfaßten die Handwerker, Hoken und Krämer. Sie wurden wohl ausnahmelos durch ihre Werkmeister vertreten, die sicher seit 1430 vom Rate eingesetzt wurden. Wenn der Rat in wichtigen Angelegenheiten mit den Werkmeistern verhandelte und ihre Zustimmung einholte, so haben diese aber wohl stets mit ihren Ämtern Rücksprache genommen. Gegen Ausgang des 16. Jahrhunderts und von da an hängten die vier „großen" Gewerke der Wollenweber, Schuhmacher, Schmiede, Bäcker an Urkunden, in denen die Einstimmigkeit der Bürgerschaft besonders zum Ausdruck gebracht werden sollte, namens dieser ihre Siegel neben das große Stadtsiegel. Unbekannt sind die bürgerlichen Berechtigungen derjenigen Handwerker, die Hauseigentümer waren. Vermutlich sind sie in jeder Beziehung im Verbande ihres Amtes geblieben, werden aber die Rüstung der Vollbürger sich haben beschaffen müssen, wogegen sie an der Ackerverlosung Teil hatten. Die größeren Ämter hatten eine gewisse Anzahl Harnische und jedes Amt hatte eine bestimmte Zahl Gewappneter zu stellen.

Neben Bürgern und Ämtern wird öfter noch die mente, meinheit, gemeine genannt. So gewiß nun unter diesen Wörtern die Gesamtheit aller Bürger, also auch der Erbgesessenen und der Ämter begriffen sein können und sind, ebenso gewiß bezeichnen sie in anderen Fällen die große Menge, die außerhalb und unterhalb jener Verbände steht: Träger, Brauerknechte, Arbeitsleute oder das lose Volk. Unzweifelhaft ist auch nach Umständen die Willensmeinung dieser Menge eingeholt und sicher hat sie an der großen Bürgerversammlung teilgenommen, die jährlich berufen ward, um anfänglich die städtischen Willküren gut zu heißen, hernach die Bürgersprache anzuhören, um sich danach zu richten.

Unter der erbgesessenen Bürgerschaft ragte naturgemäß eine Anzahl Familien oder einzelner durch Besitz oder besondere Tüchtigkeit oder Wertschätzung hervor, wodurch sie sich auszeichneten oder deren sie sich erfreuten. Aus ihnen vorzüglich ward der Ratsstuhl besetzt. Ein Versuch der ersten Familien, der um 1580 gemacht ward, sich als Geschlechter neben den Rat, Erbgesessene und Ämter zu stellen, scheiterte. Übrigens drängt sich die Beobachtung auf, daß nur wenige der mehr hervorragenden Familien drei Geschlechtsfolgen überdauert haben. Auch diejenigen, die Landgüter erworben haben und wie die Hanstert in die Mannschaft des Landes eintraten, sind in kurzem ausgestorben. Verschwägerungen mit Angehörigen der Mannschaft sind öfter vorgekommen. Die Stalköper und Loste haben den Bistümern Ratzeburg und Schwerin Bischöfe gegeben: Johann (1466—1479) und Konrad (1482—1503), ein anderer aus Wismar stammender Schweriner Bischof Nikolaus Böddeker (1444—1457) gehörte keiner bedeutenderen Familie an. Die beiden Schweriner Bischöfe Nikolaus und Konrad haben sich durch Erlassung von Statuten vor anderen hervorgetan.

An der Spitze des Gemeinwesens stand der Rat, ursprünglich gewiß in mancher Art von dem landesherrlichen Vogt abhängig, dann aber, wie es ihm gelang, eine Gerechtsame nach der anderen an sich zu bringen, freier und freier schaltend. Städtische Urkunden werden anfangs von Vogt und Ratmannen ausgestellt, und es tritt, nachdem vorübergehend um 1279 die Ratmannen vor dem Vogt genannt waren, nach der Niederlage der Stadt von 1311 die alte Folge wieder in Erscheinung, zuletzt in einem ungedruckten Dokumente des Jahres 1335 wegen einer Pfändung. Später verschwindet der Vogt aus den Urkunden des Rats, während merkwürdigerweise in Lübeck noch 1357 Vogt und Ratmannen urkunden. Die Befugnisse des Rates werden von dem Lübecker Chronisten Herman Körner zum Jahre 1428 bündig und zutreffend zusammengefaßt als das Recht, die Stadt zu regieren, zu richten, zu strafen und im allgemeinen wie im besonderen über das zu verfügen, was das gemeine Gut der Stadt anlangt. Sein wichtigstes Recht war das, Willküren, d. h. Gesetze oder Verordnungen zu erlassen, ein Recht, das ihm im Jahre 1266 verliehen oder vielmehr wohl bestätigt ist. Diejenigen Bestimmungen, die für das gemeine Leben wichtiger waren und von Zeit zu Zeit in Erinnerung gerufen werden mußten, wurden alljährlich, anfangs zu mehreren Malen im Jahre, seit 1354, wie es scheint, nur noch zu Himmelfahrt der versammelten Bürgerschaft feierlich in der Bürgersprache verkündet. Daneben bediente man sich zu Bekanntmachungen der Kanzeln. An das Recht der Willkür schlossen sich richterliche Befugnisse an, da über die verwirkten Strafen zu erkennen war. Und sicher seit dem Erwerbe der Gerichtsbarkeit, vielleicht aber auch schon früher hatte der Rat, wenn das Urteil des Vogtgerichts gescholten ward, darüber in zweiter Instanz zu erkennen, wie wiederum von seinen Urteilen der Rechtszug an den Lübischen Rat ging. Ein Ausfluß des Willkürrechts war das der Besteuerung. Die Verlassung der zu Stadtrecht liegenden Grundstücke mag in Wismar von Anfang an vor dem Rate geschehen und ein echtes Ding nie in der Stadt gehalten worden sein. Schon im 14. Jahrhundert kommt es vor, daß die Verlassung statt vor dem ganzen Rate vor Bürgermeistern und Kämmerern geschah, und im 15. Jahrhundert ist es wahrscheinlich üblich geworden, vor den Bürgermeistern oder auch vor einem Bürgermeister und den Kämmerern zu verlassen. Auch allerhand andere Geschäfte brachte man, wenigstens in der älteren Zeit, vor den Rat, um eine größere Sicherheit zu erzielen und wo nötig sein Zeugnis darüber anrufen zu können. So bei Verpfändungen, Schuldbekenntnissen, Erbteilungen, Testamenten. Namentlich wer nach auswärtshin eines Zeugnisses z. B. über eine Vollmacht, eine Erbberechtigung, seine Führung bedurfte, mußte sich noch lange an den Rat wenden, und ebenso war dessen Bürgschaft für auswärts zu erhebende Erbschaften oder Schuldeinforderungen unumgänglich. Er erteilte solche in der Form eines Zuversichtsbriefes und deckte sich wiederum durch Verbürgung. Erbloses Gut nahm der Rat zunächst in Verwahrung, woraus der Stadt das ihr noch jetzt zustehende jus fisci erwachsen ist.

Außerdem hatte der Rat die Stadt nach außen zu vertreten gegenüber Landesherren wie fremden Mächten, gegenüber Städten, Bischöfen, Geistlichen, nicht zum wenigsten auch gegenüber benachbarten Gutsherren, mochte es Privilegien oder Strandrecht gelten, die Regelung der geistlichen Gerichtsbarkeit, Eintreibung von Renten oder Einlager, mochten hansische Angelegenheiten zur Verhandlung stehn, Hansetage zu beschicken oder in der Stadt abzuhalten sein.

So weit all diese Befugnisse reichten, so war der Rat dennoch weit entfernt, absoluter Herr in der Stadt zu sein. Vielmehr war er darauf angewiesen, allgemeinere Unzufriedenheit nicht aufkommen zu lassen und ein gutes Einvernehmen insbesondere mit den maßgebenden Kreisen der Bürgerschaft zu bewahren. Denn

an wirklichen Machtmitteln, seinen Willen mit Zwang durch=
zuführen, gebrach es ihm durchaus, und die konnte auch der Rück=
halt nicht ersetzen, den die Hanse mit ihren 1418 zuerst gefaßten,
später wiederholten Beschlüssen gegen jede Beeinträchtigung des
hergebrachten Ratsregimentes bot. Gewiß waren die Folgen eines
Ausschlusses von den hansischen Privilegien unter allen Umständen
wohl zu überlegen. Es war aber ein Gebot der Klugheit, vor=
zubeugen, daß keine leidenschaftliche Mißstimmung entstünde, die
sich darüber dennoch hinweggesetzt hätte. Erleichtert ward das da=
durch, daß im wesentlichen die Interessen des Rates und die der
Bürgerschaft zusammengingen und ihre Verbindung eine sehr
enge war.

In schwierigen und wichtigen Sachen und in Fragen, die in
die Rechte der Stadt und der Gemeinheit entscheidend eingriffen,
war es nötig, sich der Zustimmung der Bürgerschaft zu versichern.
Welche Sachen jedoch danach angetan waren, Verhandlungen zu
eröffnen, das stand zum Ermessen des Rates, und nach Zeit und
Umständen wird er verschieden verfahren sein. Er selbst äußert
sich so, daß er in hochwichtigen Sachen, wo es ihm bedenklich ge=
wesen, ohne die Erklärung der Gemeinde zu schließen, diese aufs
Rathaus entboten habe. Vielleicht am öftesten ist bezeugt, daß die
Einwilligung der Bürgerschaft zu Beschlüssen über die Münze er=
forderlich sei, demnächst für Bündnisse, Verträge und Beginn von
Fehden. Mit Einwilligung und gutem Willen gesamter Bürger
hat 1310 der Rat gewillkürt, daß diejenigen Bürger, die Acker
von der Stadt hätten, ihn noch sechzehn Jahre behalten, dann aber
zurückgeben sollten. Im Jahre 1455 haben sich Rat, Bürger und
Ämter zu einem Angriffe auf das benachbarte Barnekow ver=
bunden, 1461 haben die erbgesessenen Bürger und die Werkmeister
der Ämter in ein Bündnis mit Lübeck gewilligt, 1530 der Rat
im Einvernehmen mit den Bürgern, Ämtern und ganzer Gemeinde
eine Verordnung über das Feilhalten von Waren erlassen, endlich
haben 1535 Rat und ganze Gemeinde die Einführung der Akzise
beschlossen. Allerdings war in diesen letzten Jahren der Rat nicht
im Vollbesitz seiner Macht. Erhalten ist die 1391 im Frühjahr
an die Bürger gerichtete Ansprache, als man vor dem Beschlusse
stand, den Vitalienbrüdern den Hafen zu öffnen. Verordnungen in
Brauereisachen sind nicht leicht ohne Befragen der Brauerschaft er=

gangen. Es war aber nicht nur dem Rate im allgemeinen überlassen, zu entscheiden, wann er die Bürgerschaft zuziehen wollte, sondern auch in welchem Umfange es geschehen sollte, ob er nur den Willen einiger, der wittigsten oder der uppersten, gewinnen wollte oder den der Bürger insgesamt, ob auch den der Ämter oder gar der ganzen Gemeinde. Viel wird allerdings dabei auf die Erklärung der Berufenen angekommen sein. Nach einer Darstellung aus der zweiten Hälfte des 16. Jahrhunderts würde es im allgemeinen Regel gewesen sein, in bedenklichen Sachen die Gemeinde vorzufordern, wenn sich aber dann öftere Zusammenkünfte vernotwendigten, einen Ausschuß von Bürgern und Ämtern zu bestellen, dem die Gemeinde Vollmacht erteilte, während die Wahl dem Rate zustand. Einen ständigen Ausschuß, der die Bürgerschaft verfassungsmäßig vertreten hätte, hat es während des Mittelalters nicht gegeben. — Die wichtigsten Beratungen fanden morgens statt, so daß man geradezu Morgensachen und Mahlzeitsachen unterschied.

Im Rate, der ursprünglich vielleicht aus zwölf, am Ende des 13. und zu Anfang des 14. Jahrhunderts wie ebenmäßig in Lübeck, Rostock, Stralsund, Lüneburg, Hamburg aus einigen dreißig Mitgliedern bestand, saßen seit 1344, von wo an wir hierüber genau unterrichtet sind, bis zum Ausgange des Mittelalters der Regel nach zwanzig bis vierundzwanzig Personen. Davon pflegten drei oder vier Bürgermeister zu sein. Der Rat ergänzte sich selbst. Dabei hatten, wie es für Stralsund aus dem 16. Jahrhundert bezeugt ist, wahrscheinlich die Bürgermeister das maßgebende Vorschlagsrecht, wogegen das Kollegium nur zustimmen oder ablehnen konnte. Dennoch — oder ist die Ordnung früher anders gewesen? — ward auf die Wahlberechtigung solches Gewicht gelegt, daß die Ausschließung davon an der Spitze der Nachteile steht, die nach einer Willkür von 1340 die in der Schoßzahlung säumigen Ratmannen treffen. Anfangs sind offenbar auch Handwerker im Rate gewesen, geradeso wie sie bis 1379 der Papagojengesellschaft angehören konnten. Der letzte, der erkennbar ist, der Gerber Hinrik bi der Müren starb 1322 oder 1323 als Bürgermeister. Seitdem setzte sich der Rat fast ausschließlich aus Brauern und Kaufleuten zusammen, denen die (in Lübeck nicht ratsfähigen) Wandschneider, nicht aber die Krämer zugerechnet wurden. Juristen sind trotz der richterlichen Befugnisse der

Körperschaft verschwindend wenig nachzuweisen: das Deutsche Recht brauchte keine studierten Richter. Bei der Selbstergänzung war es natürlich, daß Verwandte stark berücksichtigt wurden, namentlich Schwiegersöhne und Schwäger, und daß sich ein Kreis von Familien bildete, aus denen der Ratsstuhl mit gewisser Vorliebe besetzt ward. Geschlossen war er aber keineswegs und konnte es bei der geringen Dauer der Familien auch nicht sein. Das erste Erfordernis, das an einen Ratmann gestellt ward, war Zuverlässigkeit und gesicherte Vermögens- oder Erwerbsverhältnisse. Denn ein Gehalt war mit dem Amte nicht verbunden, sondern die Einkünfte beschränkten sich auf Nutzung von Acker- und Wiesenlosen, den Gewinn vom Weinkeller und Mühlsteinhandel, Strafgefälle, Gerichtssporteln, Festweine und mancherlei kleine Gaben, die in erster Linie den Bürgermeistern und Kämmerern zukamen. Einen jährlichen Schmaus hat Heinr. Körneke 1336 dem Rate gestiftet. Schoßfrei waren die Wismarschen Ratmannen nicht, und die Befreiung vom Wachtgelde kaum zu rechnen. Wer aber etwa verarmte, für den ward durch eine Pfründe im Heil. Geiste gesorgt. Nicht gering dagegen waren die Anforderungen, die an einen Ratmann und namentlich an einen Bürgermeister gestellt wurden. Öfter wird in späterer Zeit der Aufwand an Kleidung betont, der der Stadt zu Ehren gemacht werden mußte. Es erklärt sich das nicht ganz leicht verständliche Hervorheben dieses Umstandes wohl damit, daß die Ausgabe für die prächtigere Kleidung größer war, als wir uns vorstellen mögen, und das ganze Kollegium gleichmäßig traf. Als weit belastender muß doch von den einzelnen, namentlich bis gegen das Jahr 1500 hin, die vielfache Geschäftsversäumung empfunden worden sein, die der Dienst der Stadt notwendig nach sich zog. Sie gipfelte in den mannigfaltigen Reisen, die ein Ratmann auf sich nehmen mußte. Solche nach Lübeck oder Rostock fielen in bewegteren Zeiten unendlich häufig vor: so verzeichnet das Rostocker Weinbuch für die Jahre von 1383 bis 1389 durchschnittlich etwas über zwölf Weinspenden jährlich für Wismarsche Ratmannen, ungezählt die für namentlich genannte Bürgermeister oder Ratmannen. Aber auch in weite Ferne führten die Reisen. So ward Beispiels halber Hasso v. Krukow 1293 nach Bergen in Norwegen entsendet, Heinrich Kadow 1329 nach Flandern, Herman Meyer 1394 und 1404 nach Marienburg, 1406 nach dem Haag, 1407 nach Amsterdam, Joh. Banzkow 1417 nach Konstanz, 1421 und 1427 nach Preußen, Ulrich Malchow 1455 nach Kampen, 1463 nach Gröningen, 1464 nach Thorn, 1467 nach Zütfen. Damit nun der einzelne von dem Amte, dem niemand sich entziehen durfte, nicht erdrückt würde, war die Einrichtung getroffen, daß alle Jahre zu Himmelfahrt ein Drittel des Rates von der Geschäftsführung zurück und ein Drittel neu eintrat. So gehörte jeder zwei Jahre lang dem sitzenden Rate an (der in der ältesten Zeit von sechs Ratmannen gebildet ward) und konnte sich darauf ein Jahr mehr seinen eigenen Angelegenheiten widmen. Dieser bald nach 1260 zuerst bezeugte aber schon vor 1250 durch Vergleich von Ratslisten nachweisbare Wechsel bot zugleich die Gelegenheit, ungeeignete Mitglieder auszuscheiden, indem sie nicht wieder zu Rate gefordert wurden. Das geschah aber nicht oft, und in der Regel war das Amt eines Ratmannes lebenslänglich. Zu wichtigeren Geschäften, wie zu Willküren, Verträgen, Geldaufnahmen wurden die Ratmannen auch in ihrem Ruhejahr herangezogen, und um die Mitte des 15. Jahrhunderts scheint die Umsetzung zu einer Form ohne Inhalt geworden zu sein. Die Neuwahlen geschahen nicht ganz selten, in steigendem Maße zu Ende des 15. Jahrhunderts zu anderer Zeit als Himmelfahrt.

Bürgermeister finden wir schon um 1250. Denn Herr Thitmar v. Bukow und Herr Radolf der Friese, die der Stadt Wort sprechen und als solche vor vier anderen Ratmannen (be des rades plagen) genannt werden, können nur Bürgermeister gewesen sein. Ja, in einer durch Grotefend mir jüngst bekannt gewordenen Urkunde ist Markwart Lüderstorp als magister civium (nicht Bauermeister) schon 1241 bezeugt. In den Händen der Bürgermeister, namentlich denen des worthabenden, lag die Leitung der Geschäfte. Auch ihr Amt war, wenn auch vielleicht nicht von allem Anfange an, lebenslänglich, und in der zweiten Hälfte des 15. Jahrhunderts wechselte auch das Wort nicht, bis in den Langejohannschen Händeln 1466 oder 1467 hierin der ältere Zustand wieder hergestellt ward. Die Bürgermeister hatten den Rat zu berufen und vermutlich seine Beschlüsse zur Ausführung zu bringen. Der worthabende Bürgermeister verfügte über das große Stadtsiegel und das Sekret, ebenso über die Torschlüssel, die in der Nähe der Tore wohnenden Bürgern anvertraut waren. Manche Befugnis wird schwebend gewesen und sehr viel auf die jeweiligen Persönlichkeiten angekommen sein, so bei dem schon erwähnten Einflusse auf die Neuwahlen und der Entgegennahme der Verlassungen, auch in der Besetzung der Ratsämter, die noch 1360 zum Ermessen des ganzen Rates stand, während die Geleitserteilung wohl so geregelt war, daß der worthabende Bürgermeister oder die Bürgermeister dem Ansuchenden vorläufig bis zur nächsten Ratssitzung Geleit geben konnten. Im einzelnen übten die Bürgermeister die Obervormundschaft aus, sprachen mündig, erteilten das Bürgerrecht. Sie stellten die Beamten an und ordneten sowohl Gehaltserhöhungen an, wie sie die Kämmerer anwiesen, geheime Ausgaben zu leisten, auch über die Weinspenden verfügten. Zu Hansetagen und sonstigen auswärtigen Verhandlungen ward in der Regel mindestens Ein Bürgermeister entsendet. Das Gericht aber nahm keine Klage an, bevor nicht von den Bürgermeistern der Versuch der Güte gemacht war.

Nächst den Bürgermeistern genossen die zuerst 1290 bezeugten Kämmerer das größte Ansehen. Sie hatten die Vermögensverwaltung der Stadt unter sich und damit auch die Erhebung und Verrechnung des Schosses und Bürgergeldes, des Zolles und der Hafengebühren, später auch des Wachtgeldes. Unter ihrer Obhut standen Archiv und Stadtbücher, und daher wuchs ihnen auch eine Kompetenz bei den Verlassungen neben den Bürgermeistern zu. Es folgen die Richteherren oder Vögte, zuerst 1323 als solche genannt, ursprünglich gemäß dem Lübischen Rechte dem landesherrlichen Vogte oder Richter als Beisitzer zugeordnet, dann nach dem Erwerbe der Vogtei Leiter des Niedergerichts oder Stapels. Urteilsfinder waren anfangs Bürger, später die Fürsprecher. Den Weddeherren, bezeugt zuerst 1337, lag es ob, die für Übertretung der städtischen Willküren, also auch der den Handwerksämtern erteilten Rollen verwirkten Bußen, nicht minder die Marktbrüche, einzuziehen. Hatte nun auch der Rat über diese Bußen zu befinden, zumal da sie vielfach seiner Willkür vorbehalten waren und sehr häufig nicht voll wahrgenommen wurden, so wird doch namentlich in den geringfügigen Übertretungen der Handwerks-, Dienstboten- und Verkehrsordnungen die Entscheidung bald den Weddeherren zugewiesen sein. So kamen auch sie zu richterlichen und polizeilichen Befugnissen. Die Weinherren, die zuerst 1341 genannt werden, während in den dreißiger Jahren noch die Ausgaben für Wein in der Abrechnung der Kämmerer erscheinen, verwalteten mit Hülfe eines Schenken den Ratsweinkeller, der vermutlich schon im Jahre 1266 bestand, als Heinrich der Pilger seine in Überbleibseln noch jetzt andauernde Weinstiftung für die Kirchen Wismars und der Nachbarschaft der Obhut der Wismarschen Ratmannen unterstellte. Weinhändler mußten ihren Rheinwein wohl stets im Ratskeller lagern und durften ihn nur gegen Entrichtung eines Zapfgeldes zu dem obrigkeitlich bestimmten Preise verzapfen. Sicher seit der zweiten Hälfte des 15. Jahrhunderts aber hatte der Keller des Rates den gesamten Kleinverkauf dieses beliebtesten Weines wie auch den der Südweine übernommen und behielt ihn bis ins 18. Jahrhundert, wogegen die Weinhändler diese Weine nur im Großen vertreiben durften und sich sonst mit den weniger beliebten Gubenschen und Französischen Weinen begnügen mußten. Verpachtet ward der Kellerbetrieb seit 1593. Auch der, wie es scheint, 1477 eingerichtete Keller für das Eimbeker Bier, das bereits erwähnte Emkesche Haus, stand unter den Weinherren. Der Reingewinn vom Keller, für den eine Pacht an die Kämmerer zu entrichten war, ward unter den Rat verteilt, und daher erklärt es sich, daß die Weinherren, da sie auch andere dem Rate zustehende Gefälle einzogen, schließlich Verwalter des aus dem Silberzeug des Rates gebildeten Ärars geworden sind. Die Steinherren besorgten zu Gunsten der Ratskasse den Ankauf und Vertrieb der Mühlsteine. Außerdem begegnen Ziegelherren als Leiter der städtischen Ziegelei, Bauherren als Verwalter des Bauhofs und Leiter der städtischen Bauten, Münzherren als solche der Münze, und zwar schon 1353, während die Münze doch erst 1359 in den Besitz der Stadt kam. Akziseherren erscheinen während des Mittelalters nur vorübergehend, da die im 15. Jahrhunderte eingeführte Akzise nicht allzulange bestanden hat. Zoll und Marstall werden in älterer Zeit den Kämmerern mit unterstanden haben. Später treten Stallherren wie Strandherren auf, Landzollherren und Strandzollherren, und, neueren Einrichtungen entsprechend, noch manch anderes Ratsamt.

Der volle Umfang der Ratsgeschäfte würde erst augenfällig

werden, wenn mehr in die Einzelheiten eingegangen und beispiels=
weise die Sorgen ausgemalt werden könnten, die allein mit dem
Marstalle und seiner Wirtschaft verbunden waren. Denn war
auch vieles einfacher als heutzutage, so war anderseits der
Geschäftskreis weiter gezogen. Unter anderem besaß die Stadt,
mindestens zeitweise, Koggen und Snicken. Auch vollzog sich z. B.
die Feststellung der Brottaxe nicht mühelos durch einige Feder=
striche, wenn für Wismar auch die Vornahme von Backproben,
die für Hildesheim schon für 1416, in Basel bereits 1371 be=
zeugt ist, erst in der zweiten Hälfte des 16. Jahrhunderts nach=
weisbar ist.

Unterbrochen ist der Fortbestand des Rates bis zu seiner Um=
gestaltung im Jahre 1830 nur zwei Male und für wenige Jahre,
und das innerhalb eines kurzen Zeitraumes. Das erste Mal 1410
war die revolutionäre Bewegung von Lübeck aus geschürt und
hervorgerufen. In der vielleicht schon durch Streitigkeiten um die
Besetzung der Pfarre von St. Nikolai aufgeregten Bürgerschaft
warfen sich Hundertmänner auf, und der Rat mußte erst gegen
seine Neigung handeln, dann neue Mitglieder, auch aus den
Ämtern aufnehmen und endlich diesen das Feld räumen. Die
Ratsämter wurden, statt wie üblich mit zwei, jetzt mit je drei Rat=
mannen besetzt, und mit der Umsetzung scheint ein wirklicher
Wechsel in der Besetzung des Ratsstuhles verbunden gewesen zu
sein. Sonst ist schwerlich Wesentliches geändert. Dieser neue Rat
und die Hundert mußten abtreten, sobald in Lübeck der alte
Rat wieder ins Regiment gekommen war, an dessen Herstellung
Wismarsche Ratssendeboten durch Zuziehung zu den Verhandlungen
beteiligt waren. Am 30. Juni 1416 sühnten sich Rat und Ge=
meinde mit den Herzogen, die bei einem Versuche, sich der alten
Herren anzunehmen, in Lebensgefahr geraten waren, und am Tage
darauf ward der alte Rat wieder eingesetzt. Die Aufrührer blieben,
so viel wir wissen, unangetastet in der Stadt. Um aber gefähr=
lichen Verbindungen vorzubauen, ward die Errichtung neuer Gilden
untersagt und Bürgern und Ämtern verboten, für ihre Högen und
Zusammenkünfte besondere Häuser zu mieten. Ein Hansestatut
schränkte die Zahl derer, die in ihren Anliegen vor den Rat treten
wollten, auf höchstens sechs ein und bedrohte Anstifter von Ver=
bindungen oder Aufruhr mit dem Tode, Städte aber, deren Rat

abgesetzt oder unmächtig gemacht würde, mit Verhansung. Die Ämter wurden durch besondere Treueide gebunden. Bald muß der Rat sich seiner Stellung sehr sicher gefühlt haben. Denn er getraute sich, Verordnungen zu erlassen, die unter den Handwerkern Unzufriedenheit erregen mußten, indem er ihnen das Braurecht entzog, Lebensmitteltaxen einführte und das Bier mit einer Akzise beschwerte. Als dann 1427 die hansischen Schiffe im Sunde den Dänischen unterlegen und in Folge davon die von Westen kommende Salzflotte diesen in die Hände gefallen war, machten sich der Wollenweber Klaus Jesup, der schon 1411—1413 Bürgermeister gewesen war, und seine Anhänger die Aufregung zu Nutze und setzten zunächst die Hinrichtung des Ratmannes Heinrich von Haren und des Bürgermeisters Johann Banzkow durch. Beide wurden des Verrats beschuldigt und in einem formell kaum anfechtbaren Verfahren verurteilt, obgleich im Ernste an ein schuldhaftes Handeln nicht zu denken ist. Heinrich von Haren war 1426 vor Flensburg und 1427 im Sunde Führer der Wismarschen und unglücklich gewesen. Banzkow muß nicht nur in der Stadt, sondern auch unter den hansischen Ratmannen etwas gegolten haben. Er hatte auch, ein für diese Zeit im Norden seltenes Beispiel, die Ritterwürde gewonnen. Den Aufrührern gegenüber zeigte er sich schwächlich, vielleicht unter dem Einflusse der Jahre, und verspielte sein Leben durch einen Fluchtversuch. Der Hinrichtung der beiden Ratmannen folgte der Sturz des ganzen Rates. An seine Stelle wählte ein Ausschuß sechzehn erbgesessene Bürger und acht aus den Ämtern, darunter Jesup, und diese führte die Herzogin Katharina als Vormund ihrer minderjährigen Söhne am 11. Januar 1428 in den Ratsstuhl ein. Am 21. März 1430 stellte ein Schiedsspruch der Herzogin unter Zuziehung von Ratssendeboten der Städte Lübeck, Hamburg, Stralsund und Lüneburg den alten Rat wieder her und nötigte auch den Ausschuß der Sechzig zur Abdankung. Verbannt oder gestraft ward niemand.

Beamte brauchte die Stadt im Mittelalter nicht entfernt so viele wie jetzt, aber so ganz wenige doch auch nicht. Der wichtigste war der Stadtschreiber, später, als er Gehülfen erhalten hatte, auch Protonotar (zuerst 1338), auch wohl Kanzler geheißen, während ein Syndicus erst in der zweiten Hälfte des 16. Jahrhunderts nötig ward. In den älteren Zeiten ist der Stadtschreiber stets ein Kleriker gewesen: 1336 wurden für die erste Messe Heinrichs von Eimbek 20 Mark verausgabt, Nikolaus Swerk ward später Domherr von Ratzeburg, Joh. Moyleke 1368 für langjährige Dienste mit einer Vikarei belohnt. Oft wird er juristische Bildung genossen haben. Er nahm an den Ratssitzungen teil und führte das Stadtbuch (Erbebuch), anfänglich auch das im Beginne des 14. Jahrhunderts angelegte kleine Stadtbuch (Zeugebuch). Tüchtigen Stadtschreibern, wie den genannten Heinrich von Eimbek (1323 bis 1338) und Nikolaus Swerk (1338—1350, er stammte aus Kiel) danken wir das Privilegienbuch, das Ratswillkürbuch, die Rats= matrikel und die Sammlung der Bürgersprachen, die Trennung von Stadtbuch und Zeugebuch und Verfestungsbuch, die besondere Führung der Kämmereirechnungen (1326—1336). Heinrich von Balsee (1376—1395 und 1411—1414) hat den liber missarum angelegt und eine Chronik begonnen. Von späteren Ratmannen waren Markwart Banzkow vermutlich (von 1368 an), sicher Jürgen Below (bis 1435) und Mag. Dion. Sager (von 1530—1555) früher Stadtschreiber. Über die Zahl der neben einander tätigen städtischen Schreiber und die Geschäftsverteilung ist Sicheres nicht ermittelt und bei den weitklaffenden Lücken in der Reihe der Bücher und Rechnungen vielleicht überhaupt nicht zu ermitteln. Namen von Gerichtsschreibern sind seit 1441 auf= zustellen, und auch Kämmereischreiber und Wachtschreiber werden unbedenklich dem Mittelalter zuzuweisen sein. Von anderen Be= amten ward ein Arzt, d. h. ein Wundarzt, schon 1281 in Dienst genommen und ihm das Bürgerrecht kostenlos und Freiheit vom Schosse gewährt. Wahrscheinlich waren er und seine Nachfolger bis ins 16. Jahrhundert hinein von Haus aus Barbiere, eine ihrer hauptsächlichsten Aufgaben aber, Zeugnis über Wunden ab= zulegen oder zu gichten, wie es in dem Eide von 1533 heißt, natürlich auch Wunden zu verbinden.

In den dreißiger Jahren des 14. Jahrhunderts besoldete die Kämmerei einen Stadtschreiber, einen gewissen Bernhard, der Wachtmeister oder Ausreitervogt gewesen sein wird, einen Marschall und eine Anzahl Diener und Torwächter. Sonst standen noch in Diensten der Stadt Schulmeister, Münzmeister, Ziegelmeister (schon 1287), Zimmermeister, Maurermeister, Ratsschmid, Moormeister und Torfstecher, wenn wir vom Kellermeister und Weinschröter des Rates absehen. Hinzu kommen mehrere Ratsdiener (Hausdiener und reitende Diener), Fron, Wächter (schon 1277), Wagenknechte und Ratspfeifer, Hirten und Marktknechte. Die Kohlenträger oder Kohlenmesser waren zugleich niedere Gerichtsbeamte, Häscher. Im Anfange des 16. Jahrhunderts sind im Ratswillkürbuche Eide verzeichnet für Ratsschreiber, Gerichtsschreiber, Degedingsleute, Arzt, reitende Diener, Hausdiener, Stallknecht oder Marschall, Strandvogt, Zimmermeister und Gesellen, Mäkler, Wächter, Wachtschreiber (zugleich Eichmeister).

Dienstwohnungen hatten sicher der Stadtschreiber und einer der Hausdiener, und Schreiber und Diener erhielten außer ihrem Gehalte noch Kleidung und bezogen mancherlei Gebühren und Naturalien. In einem Pachtverhältnisse zu der Stadt standen Müller und Apotheker.

Viele, wenn nicht die meisten Bedürfnisse der Stadt wurden aus Pacht- und Mieterträgen und der eigenen Wirtschaft bestritten, und auch Wedde, Gericht und Schulen warfen noch etwas ab. Dennoch war ohne Steuern nicht auszukommen. Voran steht unter diesen das Schoß, eine reine Vermögensabgabe, die auf Grund eidlicher Aussage vom unbeweglichen und beweglichen Besitz, mochte er sich innerhalb oder außerhalb der Stadt befinden, sogar vom Schmucke eingefordert ward. Nichtverschoßtes Gut sollte verfallen sein. In Lübeck hat der Satz des Schosses erheblich geschwankt, in Rostock wurden von 100 Mk. 8 Schillinge, also $^1/_2$ vom Hundert gesteuert. In Wismar aber betrug mindestens seit etwa 1550 der Satz nur $^1/_4$ vom Hundert, während von städtischen Grundstücken und Renten in der Hand von Nichtbürgern Außenschoß im Betrage von 1 vom Hundert wahrgenommen ward. Vorschoß sollte jeder in gleicher Höhe bezahlen. Es ist aber die Frage, was unter jeder zu verstehn ist. — Seit etwa 1460 ward in Ablösung der ordentlichen persönlichen Wachtpflicht ein Wachtgeld erhoben, nämlich von den Hauseigentümern 4 Schillinge, die große Wacht, von den Budenbesitzern aber 3—18 Pfenninge, und von den Bewohnern der Keller 1—6 Pfenninge, die kleine Wacht. Frei waren davon die Ratmannen für die von ihnen bewohnten Häuser und die Bürger, die die Schlüssel zu den Toren und

Pforten der Stadt bewahrten. — Zeitweilig wurden zu besonderen Bedürfnissen besondere Steuern oder Kollekten eingesammelt, so 1513 eine Hafenkollekte, um 1535 aber ein Wall- und Grabengeld.

Vom Zolle, den die Stadt zugleich mit der Vogtei 1373 zum zweiten Male und endgültig erwarb, wissen wir fast nichts, kennen auch nur eine einzige mittelalterliche Zollrolle, die 1328 zwischen dem Landesherrn und der Stadt vereinbart ist. Später ward der Landzoll zu Besserung der Dämme verwendet und verschwindet dann mit seinem alten Namen, um als Dammgeld weiter zu leben. Am Hafen ward ein Ruder- und Kopfgeld erhoben.

Die um 1427 eingeführte Akzise dauerte mit Unterbrechungen vielleicht bis zum Jahre 1445. Sie traf nur das Bier und erregte große Unzufriedenheit, obgleich zu ihren Gunsten angeführt ward, daß auch der fremde Mann zu ihr beizutragen habe. Als sie 1535 vorübergehend wieder eingerichtet ward, befreite man entlastend diejenigen, deren Vermögen keine 500 Mk. erreichte, vom Schosse und diejenigen, die bei der Verlosung der Äcker leer ausgegangen waren, vom Wachtgelde.

An landesherrlichen Steuern ist, um diese gleich anzuschließen, zunächst die Orbör zu nennen, wenn sie mir im ganzen Mittelalter auch nur ein einziges Mal begegnet ist. Wie sie für Stralsund am Ende des 13. Jahrhunderts als feststehender Betrag vereinbart und in Rostock so im 14. Jahrhundert nachweisbar ist, wird sie es auch in Wismar gewesen sein: mindestens seit 1565 und wahrscheinlich schon lange vorher betrug sie ständig 100 Mk., bis sie 1875 aufhörte. Im Anfange des 16. Jahrhunderts ward wiederholt ein Fürsten- oder Herrengeld ausgeschrieben, worunter wohl die Landbede zu verstehn ist und worum Mieter und Rentengeber die Miete oder Rente kürzten. Einen Beitrag der Stadt zur Aussteuer landesherrlicher Töchter, die noch fortbestehende Prinzessinnensteuer, finde ich zuerst 1564.

Oftmals, namentlich zu Kriegszeiten, reichten weder die ordentlichen Einnahmen der Stadt noch die Steuern, um die Ausgaben zu decken. Dann nahm man seine Zuflucht zu Anleihen und verkaufte Renten, am liebsten Leibrenten aus bestimmten Einnahmequellen, wie aus dem Rathause (d. h. der Tuchhalle), den Marktbuden, den Hopfengärten oder auch aus den allgemeinen Einkünften der Kämmerei. An einer Anleihe aus den siebziger

Jahren des 13. Jahrhunderts, die vielleicht wegen des Mauerbaues oder des Ankaufs von Ceſſin aufgenommen ward, ſind mindeſtens 160 Perſonen mit Beträgen von 50 Mk. bis zu 4 Schillingen abwärts beteiligt: es wird eine Zwangsanleihe geweſen ſein. Den höchſten Beitrag leiſten der Jude Johim und ſeine Söhne, dann folgt Wilken Hanſtert. Andere Anleihen von 1281 und 1285 werden mit dem Ankaufe von Dorſten und Dargetzow zuſammenhangen. Zum Zwecke des Rathausbaues ward 1292 eine Anleihe zu Weichbilbrecht zu etwa 7 vom Hundert gemacht. Der Zinsfuß war für jene Zeit niedrig, es läßt ſich aber überhaupt die Beobachtung machen, daß die Stadt faſt ſtets billigen Kredit gefunden hat.

Sehen wir uns nach dem **Erwerbe der Bürger** um, ſo iſt es geraten, zuerſt den Ackerbau ins Auge zu faſſen. Die erſte Urkunde, die vom Beſtehen der Stadt Kunde gibt, betrifft die Erweiterung der Feldmark, und am Ende des 13. Jahrhunderts hatte dieſe im großen und ganzen die Ausdehnung gewonnen, in der ſie noch beſteht. Nur Rikwerſtorp, Müggenburg und das Tesmerfeld ſind im 14. Jahrhunderte hinzu erworben. Die Bauern der gelegten Dörfer Krukow, Vinekendorp, Damhuſen, Ceſſin, Dorſten, Dargetzow, Rikwerſtorp werden zumeiſt in die Stadt gezogen ſein. Käufer war faſt immer die Stadt, bei Damhuſen aber eine Anzahl Bürger. Das ſo gebildete Stadtfeld (rund 2850 ha) zerfiel und zerfällt noch gegenwärtig in Lottacker, Morgenacker und Weiden. Von dem erſten iſt ſchon gelegentlich der Berechtigungen der Bürger und des Einkommens der Ratmannen die Rede geweſen. Es gab rund 375 Ackerloſe von ungleicher Größe, meiſt zwiſchen 600 und 730 Quadratruten, alſo $1\frac{1}{4}$ bis $1\frac{1}{2}$ ha haltend. Sie wurden ſicher ſeit dem 15. Jahrhundert alle ſieben Jahre unter die mit einem vollen Hauſe angeſeſſenen Bürgern verloſt, während früher die Friſten zum Teil länger geweſen ſein müſſen. Wer an der Verloſung teilnehmen wollte, ließ ſein Haus to late ſchreiben und entrichtete dafür eine Abgabe, die um 1550 zuerſt als Lottgulden bezeugt iſt und fortbeſteht, nachdem der Acker im Winter 1627 auf 1628, um die Kontribution des kaiſerlichen Oberſten Hebron aufzubringen, hat verkauft werden müſſen. Im Gegenſatz zum Lottacker war der Morgenacker Eigentum der einzelnen Bürger,

Korporationen, Hospitäler, Kirchen, Vikareien, zum Teil auch der Kämmerei. Er umfaßt nahezu 2000 Morgen von sehr verschiedener Größe, von 200 bis 400 Quadratruten, also von 43 bis 87 Ar. Dieser Morgenacker scheint zuerst gegen Ende des 16. Jahrhunderts mit der Ackerakzise belastet zu sein, die jetzt den Namen Grundgeld trägt. Große Flächen lagen und liegen noch als Weiden für das Vieh der Bürger. Demnach muß, zumal da der Boden durchweg sehr gut und ertragreich ist, der Ackerbau von Bedeutung gewesen sein. Nun versteht sich von selbst und ist durch Zeugnisse zu erhärten, daß nicht jeder Bürger, dem ein Ackerloos zufiel, dies selbst bestellte, sondern daß mancher es vorzog, es durch Verpachtung zu nutzen, meist um eine feste Summe, seltener um einen Anteil am Ertrage. Dennoch werden viele ihre Wirtschaft so eingerichtet gehabt haben, daß sie etwas Ackerbau betreiben und Vieh halten konnten, und selbst Ratmannen sind als Pächter von Acker nachweisbar. Diejenigen, die aus dem Ackerbau einen Beruf machten, nannte man Bauleute, und von ihnen trägt die Baustraße ihren Namen. Der eine oder der andere hat schon im Mittelalter sein Gewese aus der Stadt verlegt und seinen Bauhof auf der Feldmark errichtet. Solche Höfe wurden vorzugsweise nach dem Besitzer genannt und haben daher vielfach den Namen gewechselt. Wir begegnen aber auch Namen wie Kreihahn (wohl bei Karlsdorf) und Ovelgünne. Das bedeutendste Ackerwerk hatte die Hospitalverwaltung von St. Jakobs ausgebildet, wogegen in Damhusen und Steffin von jeher ein Hof erhalten geblieben war. Zunächst der Stadt aber lagen die Hopfenhöfe, denn Hopfen scheint in nicht geringem Umfange angebaut zu sein, und die Kohlgärten. Holz ist schon im Mittelalter auf der Feldmark knapp geworden. Man bezog es von den benachbarten Gütern, später vielfach aus Holstein, wohin auch die Bürger zum Teil ihre Schweine in die Mast brachten.

Wichtiger als der Ackerbau war die Brauerei. In allen älteren Ausführungen über die bürgerliche Nahrung der Stadt steht sie voran. So äußert der herzogliche Rat Dr. Albinus 1581: Wismar ist auf Brauern, Handwerksleuten, Händlern gegründet. Und noch 1676 glauben die Brauer behaupten zu dürfen, man wisse wohl, „daß der größeste Theil dieser Stadt an dem Brauwesen verbunden ist. Gehet ein Brauer ab, so empfindet solches der Schneider, Schuster, Gewandschneider und Seidenkrämer allein an sein und der Seinigen Kleider. Der Becker, Fleischer, Fischer hat das Seinige von ihm. Der Bötticher, Träger, Schopenbrauer lebet davon, und der Schiffer würde ohn dem Brauwesen nicht vom Gestade kommen." Anfangs ein freies Gewerbe, ward das Brauen seit dem Aufschwunge, den es um die Mitte des 14. Jahrhunderts genommen hatte, den Hauseigentümern vorbehalten, die über genügende Mittel verfügten, und eine Realgerechtigkeit herausgebildet. Die Handwerker sollten seit 1424 davon ausgeschlossen sein, doch hat sich das wohl nicht voll durchführen lassen. Im Jahre 1464, wofür sich durch irgend einen glücklichen Zufall ein Brauregister erhalten hat, haben 182 Bürger (32 Frauen eingeschlossen) gebraut, darunter 21 Ratmannen (von 24) und die Witwen von sechs früheren Ratmannen wie auch die Hausfrau des damals vertriebenen Bürgermeisters Langejohann, außerdem 13 Personen, die später in den Rat aufgenommen wurden. Einer der Brauer ist sonst als Schiffer, ein anderer als Bäcker, eine Frau als die Witwe eines Wollenwebers nachweisbar. Alles in allem sind in dem Braujahr von 1464 Sept. 4 bis 1465 Aug. 15 1414 Bräu Bier, also vermutlich 30000—40000 Tonnen erzeugt. Einer hat 15 Male, sieben haben nur 3 Male, im Durchschnitt hat jeder nahezu 8 Male, die Ratmannen zwischen 9 und 10 Malen gebraut. Früher war 1332 gewillkürt, daß Brauer, die für Krüge brauten, nur Einmal in 14 Tagen brauen sollten, 1356 und 1365 ward zweimaliges Brauen in der Woche gestattet, am Ende des Jahrhunderts sollte nach alter Sitte nur Einmal in der Woche zu brauen erlaubt sein, 1427 zehnmal im Jahre, 1480 nicht öfter als 14 Male, wogegen im Jahre 1560, einem Teuerungsjahre, jeder Brauer zwölfmal brauen sollte. Wie weit die Brauherren selbst des Brauens kundig waren und wieviel sie sich auf die Brauknechte, die Schopenbrauer, verlassen mußten, steht dahin, ebenso wie weit etwa die einzelnen ein festes Personal hielten und in welchem Maße die Schopenbrauer in der Brauzeit von einem Brauhause zum andern zogen. Die spätere Behandlung und Pflege, vielfach auch die Vermäkelung des Bieres fiel den Trägern zu. Dabei lag es den einzelnen nahe, sich diese Leute zu Freund zu halten, und darum ward es den Krugbrauern verboten, die Träger, wenn sie Bierprobe hielten oder die Schenkdirnen brachten, zu bewirten, ihnen ein Frühstück, einen Schmaus oder Konfekt zu geben. Zu anderen Zeiten wird es untersagt, die Krüger oder Krügerschen, oder nach dem Abbrauen und Spunden die Träger und Schopenbrauer zu Gast zu bitten. Der Preis, zu dem das Bier in der Stadt verzapft werden sollte, ward vom Rate gesetzt.

Seinen Absatz fand das Wismarsche Bier außer in der Stadt selbst vor allem in Dänemark. Soll man jedoch einen einzelnen Platz besonders nennen, so ist es Bergen. Aber auch nach Osten, nach Danzig, und in erheblicherem Grade nach Westen ging das Bier Wismars. Wir treffen darauf z. B. in den Stadtrechnungen Deventers und finden die Nachricht, daß für den Deutschen Kaufmann zu Antwerpen neben dem Hamburger Bier auch das Wismarsche als Haustrunk diente und als solcher von Akzise frei war. Daneben sind, um von anderen einzelnen Erwähnungen abzusehen, England, Schottland und Lissabon als Absatzgebiet nachzuweisen. Und daß wirklich die Verschiffung nach Westen bedeutender war, als man aus den immerhin sparsamen Anführungen zu schließen sich getrauen würde, ergibt sich doch wohl daraus, daß 1448 Wismarsche Tonnen als Norm für die Verpackung der Flandrischen Seife gefordert werden. Nicht minder war das in Wismar gebraute Bier in der Nähe beliebt in Städten wie in Klöstern und fürstlichen Hofhaltungen. Sogar in dem Grade, daß Lübeck 1382 seinen eigenen Brauern zu Liebe sich bewogen fand, die Einfuhr zu verbieten, obgleich seine Ratmannen selbst es gern tranken und beispielsweise 1430 die Wismarschen, die mit den ihren zusammen nach Dänemark fahren wollten, aufforderten, Bier mit zu bringen. In Danzig erregten die Brauer im Jahre 1378 wegen des Wismarschen Bieres einen Aufruhr und setzten ein Einfuhrverbot dagegen durch. Auch forderte der Hochmeister Paul von Rusdorf auf Danzigs Veranlassung 1435 Hamburg und Wismar auf, kein Bier mehr nach Preußen zu schicken. In gleicher Weise schloß sich auch Kiel gegen das Wismarsche Bier ab. Seinerseits verbot übrigens auch Wismar selbst die Einfuhr des fremden Bieres, namentlich des aus dem nahen Bützow, und untersagte ebenfalls, das Wismarsche zusammen mit anderem Bier zu verschiffen. Wahrscheinlich befürchtete man Vermengung und Vermischung und in Folge davon Beeinträchtigung des guten Rufs und sicheren Absatzes. Bei der Verfrachtung aber suchten und fanden nicht nur die heimischen Schiffer ihren Gewinn, sondern auch Lübecker, Danziger, Rostocker und Bremische Kaufleute, ja 1409 wollte ein Englischer Bergenfahrer ein Bremisches Schiff mit Wismarschem Bier befrachten.

Über die Beschaffenheit des Bieres ist leider nichts rechtes bekannt. Es wird aber zu den starken Bieren gehört haben, wie sie in Stralsund und Rostock gebraut wurden und die die Lübeckischen Flottenführer 1522 ihrem Volke für so wenig zuträglich hielten, daß sie lieber einen eben begonnenen Seefeldzug abbrachen, als sich bei Rostock mit Bier zu versorgen. Im Jahre 1582 klagten die Brauer, daß die Probeherren — eine Bierprobe bestand seit 1496 — Bier beanstandeten, das die Dänen gern kauften, und mehr von den „sturren" Bieren hielten als von dem von jenen gewünschten „bleichen und gelinden". Nach dem ziemlich gleichzeitigen Urteile des Joachim von Bassewitz aber war das Wismarsche Weißbier dem Barthschen nicht ungleich, das der König und die Königin von Dänemark vor dem Rostocker bevorzugten. Dies Urteil jedoch stammt aus einer Zeit, wo das Wismarsche Bier offenbar von dem Rostocker überholt war, mochten die dortigen Brauer, was das wahrscheinlichste ist, in ihrer Kunst einen Schritt vorwärts getan, oder der Geschmack sich geändert oder die Wismarschen sich vernachlässigt haben. Sicher ertönen und zwar gerade aus Bergen 1481 und 1492 lebhafte Klagen darüber, daß die Bitten des Kaufmanns um Verbesserung des Wismarschen Bieres und der Wismarschen Tonnen kein Gehör finden wie in andern Städten und beides vielmehr ständig schlimmer werde. Nimmt man dazu, daß um dieselbe Zeit ein Brauer, der saures Bier verkauft hatte, bestraft ward, nicht weil er das getan hatte, sondern weil er sein saures Bier billiger als zum festgesetzten Preise abgegeben hatte, so wird man freilich die Schuld des damals wohl schon in Erscheinung getretenen Niederganges der Brauerei bei den Brauern selbst suchen müssen. Beschleunigt und verstärkt aber ward dieser Niedergang zweifellos durch die seit 1466 in Dänemark erhobene Bierakzise.

Ganz im Unklaren sind wir über den Umfang von Handel und Schiffahrt. Soweit der Bürger für Waren, die

auf den Markt kamen, Käufer war oder sein konnte, war
der Kaufmann durch das Verbot des Vorkaufs stark eingeengt.
Denn wo der Bürger die Möglichkeit hatte, unmittelbar vom
Produzenten zu kaufen, wollte man von Zwischenhändlern
nichts wissen. So deckte der Bürger seinen Bedarf an Korn,
Salz, Hopfen, Vieh, Holz (auch Bauholz), Kohlen auf dem Markte,
und der Kaufmann durfte nur den Überschuß dessen, was nicht
an Selbstverbraucher absetzbar war, an sich kaufen, ebenso wie
auch Knochenhauer und Bäcker hinter dem selbstverbrauchenden
Bürger zurückstehn mußten. Auch wer dem Landmanne des
Gebietes, für das Wismar herkömmlicherweise Marktstadt war,
sein Korn oder Vieh zu Hause abgekauft, ob.r gar wer ihn auf
dem Wege nach dem Markte abgefangen hätte, würde sich des
Vorkaufs schuldig gemacht haben. Noch mehr als der einheimische
Kaufmann stand der Gast hinter dem Bürger zurück. Gast sollte
nicht vom Gaste kaufen, auch der Bürger nicht mit des Gastes
Gelde, und kein Makler durfte Gast zu Gast bringen.

Auf diese Weise waren namentlich dem Kornhandel Schranken
gezogen, innerhalb deren freilich für gewöhnlich die Möglichkeit
blieb, Korn oder auch Mehl nach Norwegen, Flandern, England
zu verschiffen. Daß aber der Landmann selbst die Verschiffung in
die Hand nähme oder mit fremden Kunden in Verbindung träte,
darüber wachte man eifersüchtig und suchte es nach Kräften zu
verhindern. Ob neben dem Korn auch das Lüneburger Salz
vor 1398, wo der damals erweiterte Delvenau=Graben es fast aus=
schließlich Lübeck zuführte, in nennenswertem Maße Gegenstand
der Wismarschen Ausfuhr gewesen ist, muß nach den Aus=
führungen Heinekens als sehr zweifelhaft bezeichnet werden. Von
eigenen Produkten kamen das Bier in Betracht, von dem schon
die Rede war, und Laken, die besonders nach Livland abgesetzt
wurden. Herangeholt wurden vom Wismarschen Kaufmanne von
Brügge die Flandrischen Tuche, von Bergen der Stockfisch, von
Schonen, wo die Wismarschen ihre Fitte zu Skanör hatten, und
von Draför der von ihm dort gesalzene Hering. Dies alles nicht
nur, um den Bedarf der Stadt zu decken, sondern um auch
weiterhin durch Vertrieb in das innere Deutschland oder nach
dem Osten und Norden Gewinn zu erzielen.

Es bestanden in Wismar Gesellschaften der Schonenfahrer,

Draköfahrer und Bergenfahrer. An der Spitze der Deutschen Kompagnie zu Kopenhagen werden 1382 die von Wismar genannt. Auch an der Schonenfahrergesellschaft zu Malmö waren Wismarsche beteiligt. Dagegen findet sich 1455 kein Wismarscher unter denen, die das Verbot des Verkehrs mit Flandern gebrochen haben, auch keine Spur, daß Wismarsche 1468 durch die Beschlagnahme in England betroffen sind, und kein Wismarscher ist 1495 zu Nowgorod in Gefangenschaft geraten. Hierzu macht der aus Wismar gebürtige Reimar Kock die Anmerkung, damals habe bei seinen engeren Landsleuten die Anschauung gegolten: wen ere kynder beth tho Lubeck eyn mal ghewesen, szo hebden sze de warlt (Welt) verne ghenoch besen. Indessen hat das nicht immer gegolten und sind nicht immer die Handelsverbindungen der Wismarschen so beschränkt gewesen, wie dieselben sich hier zeigen und wie sie selbst 1522 angeben, wo sie behaupten, nur in Dänemark und Bergen Handel zu haben. Allein der Umstand, daß ein Schutzbrief König Jakobs von Schottland für die Wismarschen und ihre Nachbarn vom Jahre 1440 und daß auch der Friede mit Frankreich vom Jahre 1483 sich im Wismarschen Archive befinden, bestätigt, daß auch damals noch für Wismar der Westen nicht gleichgültig war. Hier war im 15. Jahrhundert der vorzüglichste Handelsartikel für die Osterlinge das Salz aus der Bai von Bourgneuf, das nach Preußen und Livland zu verschiffen, während von dort Holz, Teer, Asche, Hanf, Wachs, Pelzwerk und Getreide nach dem Westen zu bringen war. Gab doch der Verlust von 12 Schiffen in der Baiischen Flotte 1427 den Ausschlag im Vorgehen Jesups gegen den Rat. Daß aber mindestens zeitweise lebhaftere Beziehungen mit Flandern und den übrigen Niederlanden gewesen sein müssen, das zeigen die Aufzeichnungen über Bürgschaften, die sich der Rat für Zuversichtsbriefe hat geben lassen. Sie erstrecken sich von 1360 bis 1486, haben aber zwischen 1375 und 1392 und zwischen 1400 und 1410 breite Lücken und sind auch sonst nicht vollständig. Da sie jedoch wenigstens einiges Licht auf die Verbindungen Wismars werfen, wird eine Übersicht darüber hier nicht undienlich sein. Es sind ihrer für das beregte Gebiet während der genannten Zeit ausgestellt 22, wovon allein von 1411—1429 14 auf Flandern fallen (davon 6 nach Brügge, 7 nach Sluys). Auf die Nordischen

Reiche kommen, und zwar zwischen 1395 und 1486, solcher Bürgschaften 43, darunter zwischen 1395 und 1423 je 5 nach Bergen und Stockholm, während sich die übrigen zersplittern. Preußen und Livland betreffen, ziemlich auf die ganze Zeit verteilt, 46 Bürgschaften, davon Danzig 25, Riga 11, Pernau 6. Auf Lübeck kommen bis 1462 25 Bürgschaften, es sind aber außerdem für die Jahre 1351—1395 17 dorthin gegangene Zuversichtsbriefe bekannt, die sich mit jenen Bürgschaften nicht decken. Auf Pommersche Städte fallen zwischen 1366 und 1483 18 Bürgschaften, davon auf Stralsund 9, auf Flensburg 4 (zwischen 1412 und 1485), auf Meklenburgische Städte 25, davon zwischen 1440 und 1460 6 auf Rostock. Nur vereinzelte Bürgschaften betreffen Hamburg, Bremen, Dortmund, Lüdinghausen, Eimbek, Magdeburg, Stendal, Pritzwalk, während gerade aus den Städten des westlichen Deutschlands wie Bingen, Attendorn, Schüttorf, Lemgo, Hildesheim, Duderstadt usw. Zuversichtsbriefe im Wismarschen Archive erhalten oder als nach dort ausgestellt bekannt geworden sind, allerdings stets nur einzelne.

Besonders lebhaft wird stets wie noch in der Gegenwart der Verkehr mit Lübeck gewesen sein. Für das Mittelalter zeugt dafür der Familienname Lübekervar. Auf Verkehr mit dem Binnenlande deutet nicht nur ein Privileg für Stendal aus dem 13. Jahrhundert, sondern auch Urkunden des 15. Jahrhunderts. Wismar setzte dort seinen Schonischen Hering ab, wogegen es wenigstens zeitweise von daher Salz bezogen haben wird, bis 1441 Markgraf Friedrich zu Gunsten der auf der Lüneburger Saline begründeten Stiftungen und der Stadt Lüneburg selbst verbot, den Seestädten Hamburg, Lübeck, Wismar und Rostock durch sein Land Salz zuzuführen.

Die Hauptverkehrsstraßen im Lande führten westwärts nach Lübeck, ostwärts nach Rostock, südwestlich nach Gadebusch, südlich über Lübow, Tempzin, Sternberg nach Parchim. An fast allen, namentlich aber Lübeck zu finden sich als Zeugen des früheren Verkehrs Denksteine oder Sühnkreuze für unterwegs erschlagene Bürger oder andere Wanderer, so bei Gägelow, Everstorf, Tramm, Schönberg, Saunstorf, Schimm. Der Zustand der Wege wird nicht der beste gewesen sein und erforderte die Vorlegung vieler Pferde, um die Karren oder Lastwagen vorwärts zu schaffen.

Karren waren nicht selten mit sechs Pferden bespannt. Von der Stadt geschah, was möglich war, nicht nur für die Befriedung der Landstraßen, sondern auch für ihre Besserung. Schon im Anfange des 14. Jahrhunderts war an verschiedenen Stellen in der Nähe ein Steindamm gelegt, und als das Mittelalter zu Ende ist, hat die Stadt die Straßen ringsum weit über die Grenzen ihres Gebiets hinaus, bis auf eine Meile von Wismar und darüber in Besitz und Pflege.

Von auswärtigen Nationen verkehrten in Wismar, wenn die Zollrolle von 1328 als zuverlässiger Zeuge angesprochen werden darf, Dänen, Gotländer und Schweden, von Deutschen erscheinen Kaufleute aus Lübeck, Rostock, Schwerin, Hamburg, Perleberg, Danzig, Riga, Überelbische, Holsteiner, Thüringer, endlich, wenn ich die ute drier herren lande richtig deute, Pommern. Sonst werden noch Deutsche allgemein und Umlandfahrer genannt. Daß sich auch Fremde niederließen, geht aus einer Willkür vom Jahre 1360 hervor, worin von Bürgern jeder Zunge gesprochen wird.

Um 1470 war unzweifelhaft ein Rückgang im Handel und Wohlstande Wismars eingetreten, um von da an noch an die achtzig Jahre anzudauern. Er wird auf eine Abnahme der Brauerei und der Nahrung der Wollenweber und auf einen Zurückgang des Schonischen Verkehrs, von dem Wismar zudem während der Langejohannschen Händel eine Zeit lang ausgeschlossen gewesen war, zurückgeführt werden müssen, schließlich aber auf die seit lange eingetretene ständige Unsicherheit der Straße durch die Prignitz, wodurch der Handel des Binnenlandes auf Lüneburg und Lübeck hingedrängt ward. Sicher hat auch die Aufhebung der Bruderschaft der Deutschen Kaufleute in Kopenhagen 1475 und die etwas früher eingeführte Dänische Bierakzise den Handel der Wismarschen geschädigt. Auf dem Fundamente des Dänischen Verkehrs gerade waren nicht zum wenigsten die Steinhäuser Wismars errichtet.

Über Schiffe und Reederei stehn nur wenige Angaben zu Gebote. Außer bei den kleinsten Schiffen wird schon damals der Schiffer niemals Eigentümer des ganzen gewesen sein. Hatte er überhaupt keinen Teil daran, so sprach man von einem gemachten

Schiffer. Sozial stand der Schiffer dem Kaufmanne nahe und ward nicht gleich den Handwerkern aus der Papagojengesellschaft ausgeschlossen.

Die Handwerker waren ihrem Berufe nach, sofern ein solcher in der Stadt nicht gar zu schwach vertreten war, in Ämter zusammengeschlossen, deren einzelne auch verwandte Gewerbe begriffen. Solcher Ämter sind für das Mittelalter 25 nachweisbar. Im 16. Jahrhunderte nahmen unter ihnen die der Wollenweber, Schuhmacher, Schmiede und Bäcker, wie schon oben anzuführen war, als die vier großen den ersten Platz ein und vermutlich haben sie bereits früher die übrigen überragt. Nur für einzelne läßt sich zeitweise ihre Stärke angeben. Wollenweber waren 1481 30 im Amte. Sie stellten in diesem Jahre, dem ersten, worüber wir Kunde haben, 2691 Laken her. Von da an nimmt ihre Produktion ständig ab, so daß z. B. der zehnjährige Durchschnitt bis zum Jahre 1491 nur 2320 Laken ergibt. Auffallend ist der Absprung der Jahre 1485 und 1486, wogegen sich der von 1511—1516 genügend aus dem Dänischen Überfalle erklärt. Von 1498—1530 wurden 32 Meister neu aufgenommen. Gut sind wir seit 1469 über die Knochenhauer unterrichtet. Ihrer waren damals 32, dann geht ihre Zahl zurück, so daß ihrer nach zehn Jahren nur noch 21 sind und von 1485—1488 ein Tiefstand von 15 oder 16 zu verzeichnen ist. Darauf erreichen sie bis 1491 wieder die Zahl von 20—23. Leider kennen wir die entsprechenden Zahlen der Garbräter nicht: 1723 hatten diese 15 Scharren inne. Krämer zähle ich im Jahre 1497 14. Gute Beschäftigung müssen die Böttcher gehabt haben, solange Brauerei und Schonenfahrt blühten. Ihr Amt zählte 1562 32 Meister, 1584 30, 1606 noch immer 29. Andere auch nur annähernd zuverlässige Zahlen wüßte ich nicht zu geben. Malern und Goldschmieden gab die Kirche reiche Gelegenheit, ihr Können zu bewähren. Leider ist von dem 1357 von Joh. Köster vollendeten Hochaltar in St. Marien kaum mehr als der bloße Schrein übrig, der 1421 von Henning Lepzow für St. Georgen in Parchim in Arbeit genommene Hochaltar in schlimmer Verfassung und der 1505 von Herman Kuleman für Sternberg bedungene Hauptaltar verbrannt, so daß kein leidlich erhaltenes Werk einem bestimmten Meister zugewiesen werden kann. Ebenso steht es bei den Goldschmieden. Es wäre aber verkehrt, anzunehmen, daß die tüchtigen Arbeiten, die uns noch jetzt erfreuen, auswärts angefertigt seien.

Teilweise wohnten die Berufsgenossen straßenweise zusammen, wie es für die Gerber, Wollenweber, Kleinschmiede zu erweisen und für andere aus den Straßennamen zu erschließen ist. Eine engere Zusammenziehung ihres Betriebes oder Vertriebes aber hatte auf oder an dem Markte statt.

Es war in der ältesten vor der Städtegründung liegenden Zeit das Gegebene, daß, wer etwas zu Kauf zu bieten hatte, damit auf den herkömmlichen oder privilegierten Markt zog, und ebenso ergab es sich dabei, daß die Marktbezieher je nach ihrer Herkunft oder nach ihren Waren zusammenrückten. Das diente zugleich zur Übersicht für die Käufer und erleichterte die obrigkeitliche Kontrolle. Auch ward durch das Feilhalten an offenbarer Stelle, wie der Danziger Rat 1425 ausführt, dem Betruge vorgebeugt. Auch jetzt noch ist die Ordnung auf Wochenmarkt und Jahrmärkten dieselbe. Nachrichten, seit wann Mittwoch und Sonnabend Wochenmarkttage sind, habe ich noch nicht gefunden: von jeher sind sie es nicht gewesen. Den freien Jahrmarkt bezeugt zu frühest die Krämerrolle vom Jahre 1397. Es wird wohl der Pfingstmarkt sein, der in Rostock 1390 ins Leben gerufen war. Während er nach dem Krämerbuche von 1604 von Exaudi bis Freitag vor Pfingsten dauerte, wird aus dem noch gegenwärtig gebräuchlichen Friedegeläute, das an den Freitagen vor Exaudi und vor Pfingsten morgens um fünf von St. Marien ertönt, geschlossen werden müssen, daß ehemals an diesen Tagen der Markt begann und endete und später die Zeiten verschoben sind. Der Marktfriede schützte vor Verfolgung aus früheren Schuldverhältnissen, auch wohl wegen Diebstahls, dagegen keine Verbrecher, namentlich nicht Räuber und Mordbrenner, auch nicht Verfestete. Ob auch der Umschlag zu Antonii und der Kaufschlags-Montag, aus dem der Fastnachtsmarkt hervorgegangen ist, schon im Mittelalter bestanden haben, ist fraglich.

Außer den Landleuten waren natürlich die fremden Kaufleute, Handwerker und Krämer zunächst auf den Verkauf auf dem Markte angewiesen. Sie sollten aber außer im Jahrmarkte nicht länger als Einmal des Jahres drei Tage ausstehn, und nur die Krämer durften zweimal kommen. Fremde Bäcker haben zu Ende des 13. Jahrhunderts alle Tage feilstehn dürfen, 1410 durften sie ihr Brot Sonntags und Donnerstags auf den Markt bringen, seit 1417 aber am Sonntage, später nur noch am Montage im Pfingstmarkte.

Aber auch die Einheimischen waren, wie gesagt, unter Festhaltung alter Sitte an den Markt gebunden. Auch ist schon auf die Benutzung des Rathauses zu Verkaufshallen und auf die Errichtung massiver Buden an zwei Seiten des Marktes hingewiesen. Gegen Ende des 13. Jahrhunderts bestand ein städtisches Wandschneiderhaus (ob als Teil des Rathauses?) mit mindestens 20 Ständen, deren jeder 1 Mk. abwarf. Daneben vermieteten die Kämmerer damals Buden und andere Verkaufsplätze in großer Zahl. Die Scharren der Knochenhauer brachten 32 Mk., das Haus der Bäcker 20 Mk. Die Schuhmacher wurden unterschieden in solche, die Bockleder, und solche, die Rindleder verarbeiteten. Die ersten zahlten einstweilen, bis ihre Buden besser gebaut würden, je 12 Schillinge, die letzten je 4 Schillinge und ebensoviel jeder Krämer und überhaupt jede Bank auf dem Markte. Etwas später brachten die Schusterbuden je 4 Mk., die Krämerbuden je 6 Mk., die beiden Eckbuden aber je 10 Mk. und jede Stelle eines Gerbers und Pelzers 8 Schillinge. Noch etwas später erscheinen Salzbuden, Hutmacherbuden und Stände der Kupferschmiede, Töpfer und Stahlmenger. Dies alles in der Zeit von etwa 1270—1300. Wesentlich reichhaltiger ist das Verzeichnis, das die Kämmereirechnungen von 1319 und 1326—1336 bieten. Da finden wir auch Goldschmiede, Barbiere, Garbräter, Wandscherer, Schneider, Riemenschneider, Reifer, Hofen, Glaser. Die Zahl der vermieteten Buden aber beträgt 25—30, die Miete je 1—6 Mk. In jüngerer Zeit waren die Buden an der Hege nordwärts des Salzfäßchens an die Leinwandschneider vermietet, und die Bürgersprachen von 1453 und 1480 legen diesen auf, darin zu verbleiben, wie denn diese Buden noch nach Jahrhunderten die Lauenbuden heißen. Die hinter dem Rathause fielen den Schuhmachern zu, bis das Amt sie 1478 an die Stadt zurückgab, weil es meinte, die Heuer nicht mehr aufbringen zu können. Anstatt des verschwundenen Hauses der Bäcker begegnen späterhin Brotscharren. Sie waren nach einem Zeugnisse von 1699 aus Brettern zusammengeschlagen, jedoch von solcher Größe und Beschaffenheit, daß ein um Wohnung verlegener Holzdreher glaubte, in zweien unterkommen und seine Werkstelle halten zu können. Die Vorderseite war so eingerichtet, daß der obere Teil heruntergeklappt werden und als Tisch für die auszulegende Ware dienen konnte. Das waren die Lede (Plural von lit, Glied), wonach man auch den ganzen Scharren nannte. Wie sich in Lübeck einmal ein Knochenhauer verwillkürt, seine Lede bei Vertragsbruch nicht zu öffnen, so haben die Wismarschen Kämmerer 1608 einen halben Schilling ausgegeben vor nagel, damit Clauß Odewahns, des beckers, fensterlebt ist zugenagelt. Ein einsamer Brotscharren stand noch 1818. Die Scharren der Knochenhauer und Garbräter werden Fachwerkbauten gewesen sein und lehnten sich zum Teil an die südlich des Salzfäßchens längs der Hege belegenen Buden an bis tief ins 19. Jahrhundert hinein. Die Knochenhauer durften nach einer Willkür von 1318 sowie ihren Rollen von 1410 und 1417 im Sommer frisches Fleisch nur am Schlachttage selbst und dem nächsten Tage, im Winter noch einen Tag länger verkaufen. Als Schlachttage aber werden der Reihe nach Sonnabend bis Mittwoch, als Verkaufstage Sonntag bis Donnerstag hergezählt. Daß Freitag als Verkaufstag nicht in Frage kam, versteht sich von selbst, aber auch als Schlachttag scheint er, wie der Sonnabend als Verkaufstag, absichtlich übergangen zu sein, wie 1467 die Lüneburger Knochenhauer ablehnten, den Verkauf von Sonntag auf Sonnabend-Nachmittag zu verlegen. Nicht gleich verkauftes Fleisch sollte eingesalzen werden.

Um den Bürger gegen Übervorteilung und Schädigung zu sichern, zugleich aber um das Absatzgebiet festhalten und erweitern zu können, wurden Arbeit und Ware durch die geschworenen Werkmeister ständig kontrolliert und Vorschriften über Rohstoffe und Arbeitsweise, auch Lehrzeit und Meisterprüfung erlassen, daneben für Lebensmittel die Preise obrigkeitlich festgesetzt. Dagegen wurden die Handwerkerämter mit dem ausschließlichen Rechte auf die jedem eigene Arbeit privilegiert, innerhalb der Ämter aber gegen ein übermäßiges Hervorwachsen einzelner Glieder Sorge getragen, damit jeder sich eines gewissen mittleren Wohlstandes erfreuen könne. Dieser Absicht dienten Vorschriften über die Höchstzahl der Gesellen und Lehrlinge, der Werkstätten und Webstühle, auch wohl der Arbeitsmenge, endlich Schließung des Amts auf eine bestimmte Meisterzahl. Anderseits wurden Vorkehrungen getroffen, damit nicht der Handwerksmeister vom Kapitalisten abhängig würde, und für günstigen Einkauf gesorgt. Schließlich hat freilich der unvermeidliche Trieb, dies System immer weiter auszubauen, zusammen mit der Bevorzugung der Meisterkinder vor anderen zu Härten und Verknöcherung geführt, namentlich wenn ein Stillstand oder gar ein Rückgang im Erwerbsleben eintrat. Der Wettbewerb Auswärtiger und die Einfuhr fremder Arbeit zwecks Vertriebes im Kleinen ward nach Möglichkeit beschnitten und wesentlich auf die Jahrmärkte beschränkt, die gegen den äußersten Mißbrauch der Privilegierung als Ventil dienten.

Um sich ein anständiges Begräbnis mit Begängnis, Opfer und Memorien zu sichern, zu gemeinschaftlicher Pflege des Gottesdienstes, endlich, um gesellige Zusammenkünfte und Gelage zu halten, bildeten sich neben den Berufsvereinigungen oder auch eng an sie angeschlossen mancherlei Gesellschaften und Bruderschaften oder Gilden. Zuvörderst ist die schon in anderen Zusammenhängen mehrmals berührte Papagojenkompagnie zu nennen. Brauer, Kaufleute, Schiffer gehörten ihr an, bis 1379 auch Handwerker und Krämer. Schon aus dem Namen ist zu schließen, daß der Vogelschuß von den Brüdern gepflegt ward, und es ist wahrscheinlich, daß das gerade die Bildung der Bruderschaft veranlaßt hat. Daneben bestanden die gleichfalls schon genannten Gesellschaften der Schonen- und Draköfahrer, der Schiffer und der Bergenfahrer. Die Kontorbrüder, die Brüder von der Langen Bank und die Schwarzhöfder gehören späterer Zeit an und sind zum Teil in der Papagojengesellschaft entstanden oder auch von ihr abgesplittert. Die Bruderschaft der Zwölf Brüder umfaßte nicht nur Bürger, sondern auch Edelleute aus der Nachbarschaft. Bei den Handwerkern fielen Amt und Bruderschaft meist zusammen; doch konnten an den Bruderschaften auch Personen teilhaben, die mit dem Gewerbe nichts zu tun hatten, mindestens sind einzelne Ratmannen als Mitglieder bezeugt. Bei den größeren Gewerken standen an der Spitze des Amts Werkmeister, an der der Bruderschaften Älterleute und daneben Schaffer. Einen weiteren Kreis umschloß die St. Annen-Bruderschaft, in der sich die Ämter zum Vogelschießen vereinigten und die, auch hierin der Papagojengesellschaft gleich, einen Altar in St. Marien besaß. Sie darf nicht mit der St. Annen=Bruderschaft der Schiffer verwechselt werden, der eine Kapelle bei den Grauen Mönchen gehörte.

Nicht minder bildeten Handwerksgesellen Bruderschaften, um ihr Bier zusammen zu trinken, aber auch für kranke Mitbrüder zu sorgen und Verstorbenen die letzte Ehre zu geben. Auch sie ließen sich Messen lesen, begründeten Vikareien und stifteten Wachslichter für ihre Altäre. Die Schuhknechte erwarben sich die Bruderschaft der Dominikaner. Von den Kürschnern, Malern und Glasern haben wir Statuten, die noch dem 15. Jahrhunderte angehören. Bei den Wollenwebern hielten Meister und Gesellen ihre Pfingst= gilde bis 1489 zusammen. Auch die Träger, Schopenbrauer und sogar die Spielleute hatten ihre Verbände, obgleich der Rat 1381 Gilden von Brauerknechten und Brauermägden und anderem losen Volke verboten hatte und mehrfach die Bildung neuer Gilden untersagte. Die mittelalterlichen Prozessionsleuchter der Träger schmücken noch jetzt die Heil. Geistkirche.

Da es weder Bürgern noch Ämtern gestattet war, für ihre Zusammenkünfte besondere Häuser zu mieten, so werden die Högen wie bei den Wollenwebern meist im Hause eines Werkmeisters oder Ältesten abgehalten sein, sonst aber die Bierkrüge Gelegenheit zu gemeinsamer Zeche und Aussprache geboten haben. Ein Haus hatte die Seglerkompagnie 1410 erworben, im übrigen scheinen die größeren Ämter erst sehr viel später in den Besitz eigner Krug= häuser gelangt zu sein. Die Amtszusammenkünfte wurden viel, vielleicht mit Vorliebe in den Kirchen, zumal in den eigenen Kapellen der Ämter gehalten.

Zu geselligen Freuden und Lustbarkeiten hielt die Stadt den Rosengarten vor dem Altwismar=Tor. Dort waren die ein= heimischen Spielleute verpflichtet, an allen Sonn= und Festtagen zwischen Ostern und Johannis abends den Bürgern zu dienen und aufzuspielen. An Instrumenten verfügten sie über Fiedel, Pfeife, Trommel, Posaune, Rotte, Flügel oder Harfe. Für diese Pflicht hatten sie das ausschließliche Recht, bei den Hochzeiten aufzuwarten. Nicht immer ging es beim Tanze im Rosengarten

friedlich her; das bezeugt die Strafandrohung der Bürger=
sprachen für das Harraufen dort. Abendtänze auf den Straßen
wurden seit 1339 mehrfach verboten.

Am allgemeinsten gab man sich in der Fastnachtszeit den
Freuden des Spiels, des Tanzes und der Tafel hin, und dann
wird wie in Lübeck und Rostock auch in Wismar das Rathaus
der Ort gewesen sein, wo die ersten Kreise zusammenkamen.
Von Fastnachtsdichtungen wie in Lübeck ist keine Überlieferung.
Sicher aber haben derbe, richtiger rohe Belustigungen wie die
des Schweinschlagens durch Blinde oder des Katzenrittertums nicht
gefehlt, wovon die Lübischen und Stralsundischen Chroniken zu
den Jahren 1386 und 1414 und 1415 berichten. Nach der Re=
formation eiferte sich die Geistlichkeit gegen das heidnische tolle
Schwarmfest und bat, den Weinkeller nicht in der Nacht nach
alter heidnischer toller Weise öffnen zu lassen noch darinn weder
bösen noch guten Wein auszusaufen zu gestatten, und hierauf hin
wohl warnte der Rat zu Fastnacht 1569 vor Verkleiden und vor
dem Spiel um den Hahn.

Die richtige Festzeit aber war Pfingsten sowohl für die
Papagojengesellschaft wie die anderen Bruderschaften und den
Bürger überhaupt. Da mußte der endgültige Abzug des Winters
und der Sieg des Frühlings gefeiert werden. Ein Stück dieser
Feier war der Trägerreigen, der sich nach ihrer Rolle (von etwa
1450) durch die Straßen zu bewegen hatte. Nicht einmal die
Schwachen durften sich ganz ausschließen. Konnten sie nicht mit
springen, so sollten sie wenigstens mit gehn. Beim Tanze und
dem sich anschließenden Gildefeste trugen die Teilnehmer Kränze auf
dem Haupte. Vor Zuziehung Unwürdiger aber ward gewarnt.
Ok schal eyn jewelk toseen, heißt es, wene he by der hant neme,
wan he in den dantz gheyt, dat be des danses werdych sy. Kinder
sollte man umme gudes hoghen willen nicht mit in die Gilde
bringen, oder nicht klagen, wenn sie an Beinen, Armen oder
Händen Schaden nähmen. Noch in den zwanziger Jahren des
19. Jahrhunderts sind, wie mir erzählt ist, zu Pfingsten die
Knechte und Jungen der Träger auf ihre Koppel vor das Pöler
Tor gezogen und haben die Jungen dort ein Spiel aufgeführt,
indem sie zugespitzte Stöcke im Wurf in die Erde spießten und
die Nachfolgenden die Aufgabe hatten, diese Stöcke wieder heraus=

zuwerfen. Tags darauf zogen die Knechte mit Musik jauchzend und tanzend (ohne Mädchen) durch die Stadt. Daß so ein Festtanz nicht nur als Vergnügen, sondern eben so sehr als Pflicht angesehen ward, belegt für Wismar die Rolle der Krämer vom Jahre 1604. Dort sollten bei der Amtsköste nach gehaltener Traktation „die gewesene Schaffner mit ihren lieben Hausfrauen den ersten, darnach der Koch mit unser Wirtinnen oder einer deroselben Magt den andern Tanz uf unserm Schuttinge an deme Orte, da die Malzeit geschehen, und nirgents anderswo, halten und verrichten. So muegen auch andere unser Amtbruedere, jedoch ungenötigt, sondern freies Willens mit der Schaffner Hausfrauen ehrliche Tenze halten. Aber die Herren Morgensprachsherrn, imgleichen die Elterleute und frembbe geladene Geste, also auch andere Ambtbruedere sollen zu keinem Tanze erfordert, viel weniger genötiget oder gezwungen, sondern ibermenniglichen desfals zu thun oder zu lassen frei gestellet werden."

Zu anderen Vergnügungen forderten die Tage des heiligen Martin und Nikolaus auf. Um Neujahr ward, wie es scheint, das Fest der Ringführer gehalten. Doch fehlen genauere Nachrichten, und wir wissen nur, daß es Sonntags und die Nacht hindurch geübt ward und daß 1590 die Geistlichen dagegen vorgingen.

Ehedem hatte es auch geistliche Spiele gegeben. Und darüber ist hier umsomehr ein Wort am Platze, als der wertvollste aller vorhandenen Texte ganz in der Nähe Wismars zu Redentin 1464 gedichtet oder umgedichtet ist und ganz wohl in der Stadt auf dem Markte aufgeführt sein kann. Es ist ein Auferstehungsspiel. Sonst gab es noch Passions= und Weihnachtsspiele. Die letzten scheinen sich besonders lange gehalten zu haben. Gegen ein Kindlein Jesusspiel richtete der Pastor an St. Nikolai Lochner 1690 einen Angriff, und 1723 ward es nochmals scharf verboten, wie in Rostock schon 1606 das beim Christfeste gebräuchliche Umtragen eines Sterns untersagt war.

In kirchlicher Hinsicht stand Wismar unter dem Bischofe von Ratzeburg, während Altwismar und der östliche Teil der städtischen Feldmark dem Schweriner Bistume angehörte. Der Bann über die Kirchen oder die Ausübung der geistlichen Gerichtsbarkeit, wie es an der anderen Stelle heißt, ward bald nach der

Gründung der Stadt 1237 dem Propste des Klosters Rehna übertragen und ihm 1331 bestätigt. Dieser scheint auch das Sentgericht mindestens noch gegen Ende des 15. Jahrhunderts abgehalten zu haben. Dagegen hatte der Bischof schon im zweiten Drittel des 14. Jahrhunderts einen Offizial in der Stadt, der, soweit wir unterrichtet sind, Richter über die Geistlichen und in geistlichen Sachen war. Und noch im Jahre 1504 kam in Beilegung der um die Gerichtsgewalt, Patronatsrechte, Testamente und Rechnungsablegung von den Marienzeiten entstandenen Zwistigkeiten zwischen Bischof und Rat ein Vertrag dahin zu Stande, daß der Bischof wie herkömmlich zur Aburteilung aller dem bischöflichen Gerichte zustehenden Klagen, soweit er nicht in besonders wichtigen Fällen selbst richten müsse, einen tüchtigen Offizial in Wismar halten sollte. Dieser sollte insbesondere befugt sein, Testamente zu bestätigen und die Rechnung der Testamentsvollstrecker zu prüfen. Alle weltlichen Sachen sollten dem Rate oder dem städtischen Gerichte zustehn, und unredliche Übertragungen von Ansprüchen an Geistliche nicht geduldet werden. Testamentsvollstrecker sollte jederman — es handelt sich hier offenbar um Testamente Geistlicher — nach seinem Willen ernennen dürfen. Gegen Übergriffe fremder geistlicher Gerichte hatte die Stadt sich im Jahre 1400 einen Schutzbrief vom Papste verschafft.

Im Jahre 1323 schenkte Herr Heinrich von Meklenburg Bischof Markwart von Ratzeburg das Patronatsrecht über St. Nikolai und die Wedem der Kirche zu dem ausgesprochenen Zwecke, daß sie ihm zur Wohnung dienen sollte. Jedoch muß der Rat davon Weiterungen befürchtet und Mittel gefunden haben, die Ausführung des Planes zu verhindern. Zugleich willkürte er, daß kein Bürger städtische Grundstücke an Auswärtige, seien es Geistliche oder Weltliche, ohne seine Einwilligung irgendwie veräußern dürfe. Als jedoch der Bischof die Ratmannen zur Rechenschaft zog und sie zur Eidleistung nötigte, schwuren sie vom ersten bis zum letzten, daß sie die Veräußerung an Geistliche in der Bürgersprache nicht untersagt hätten. Der Stadtschreiber aber, der diesen Vorfall aufgezeichnet hat, fügt hinzu, sie hätten wohl geschworen, da sie in der Bürgersprache nur ein Gebot über Fremde erlassen und keinen Geistlichen genannt hätten. Jedesfalls behielt der Rat seinen Willen und verpflichtete sich und seine Nachfolger eidlich, niemals Bischöfen, geistlichen Kongregationen oder einzelnen Geistlichen den Erwerb einer Wohnung in Wismar zu gestatten, auch ließ er sich 1504 von Bischof Johann von neuem zusichern, daß er weder Haus nach Hof von Bürgern an sich bringen, sondern sich mit seiner bisherigen Herberge begnügen wolle.

Ebensowenig wie den Erwerb eines Hofes konnte Bischof Markwart seinen Plan durchsetzen, Vikareien in Kanonikerpfründen umzuwandeln.

Über das eine Zeit lang streitig gewesene Patronatsrecht über die drei Pfarrkirchen hatten sich 1260 Landesherr und Bischof dahin verglichen, daß der Bischof darauf verzichtete. Zehn Jahre später verlieh Herr Heinrich von Meklenburg das Patronat von St. Georgen dem Deutschen Orden, aber 1363 konnte wieder Herzog Albrecht darüber verfügen, und nochmals gaben es sein Sohn und Enkel 1398 an den bischöflichen Vogt von Stove weg. Die Patronatsrechte über St. Marien und St. Nikolai verschenkte Heinrich der Löwe 1321 und 1323 an das Domkapitel und an den Bischof von Ratzeburg. Die des öfteren von Bischöfen, Erzbischof und Päpsten bestätigte Inkorporation der Pfarren und die Ersetzung der Pfarrer durch festbesoldete Pfarrvikare muß aber auf starken Widerstand gestoßen sein, und nach mancherlei Wechsel kam schließlich 1409 zwischen den derzeitigen Herzogen und Bischof und Kapitel ein Vertrag zustande, der den Herzogen das Recht gab, für alle drei Kirchen die Pfarrer zu nominieren, den Pfarrern aber auflegte, zusammen jährlich 100 Mk. Lüb. an das Ratzeburger Kapitel zu zahlen. Später werden die Herzoge auch wieder als Patrone bezeichnet. Das zu Anfang des 15. Jahrhunderts zwischen Kapitel und Rat getroffene Abkommen, das dem Rate die Benennung des Pfarrvikars von St. Marien übertrug, ist ohne Folge geblieben. Dagegen scheint der 1411 von dem Bischofe mit den Bürgermeistern eingegangene Vertrag gehalten zu sein, daß keine Religiosen die Stelle der Pfarrer einnehmen sollten. Es ist nicht anders denkbar, als daß das Hin= und Herzerren der Rechte auch in persönlichen Streitigkeiten zum Ausdruck gekommen und zu tiefer Aufregung der Gemüter geführt haben muß. In der Tat geht aus Urkunden aus dem Anfange des 15. Jahrhunderts hervor, daß damals um St. Marien und St. Nikolai erbittert gekämpft worden ist.

Zahllose Stiftungen von Altären und Messen führten zu der Berufung einer Menge von Vikaren, gaben ihnen aber nur dürftigen Unterhalt, und selbst die Zusammenlegung mancher Vikareien, deren Einkünfte bei gesunkenem Geldwerte durchaus nicht reichen wollten, schuf keine genügende Abhülfe. Um 1485 sind über 150 Vikare in Wismar nachweisbar. Man kann sich vorstellen, daß sich mit ihrer und der Schüler Zuziehung der Gottesdienst in den weiten Räumen der mächtigen Kirchen würdevoll und glänzend gestalten ließ. Aber auch für möglichst vollständige Ausbildung ward gesorgt. Neben der Frühmesse fehlte es nicht an Messen für Langschläfer, und neben den Zeiten der heiligen Jungfrau kamen auch die kanonischen Zeiten zur Einführung, die letzteren der Hauptsache nach eine Stiftung des Ritters Heinrich v. d. Lühe zu Buschmühlen und des Pfarrers Dr. Joh. Brügge. An Kirchensilber hat der Rat im 16. Jahrhundert über 450 Pfund verkaufen lassen können, ohne die Schatzkammern zu erschöpfen, so daß noch immer ein ausreichender Vorrat schöner, z. T. sogar hervorragend schöner Kelche vorhanden ist.

Die Geistlichen taten sich in zwei Kalanden zusammen, dem Minderen, der wohl auf die Stadt beschränkt war, und dem des Landes Bresen, dem auch die Geistlichen einer Anzahl Landkirchen im Westen Wismars angehörten. Der Zweck der Kalande war, für die Verstorbenen feierliche Begängnisse und Memorien abzuhalten, und von den darüber geführten Kalendern, nicht aber von den irrig behaupteten Zusammenkünften am ersten jedes Monats, ist der Name abgeleitet. An die Memorien schlossen sich gemeinschaftliche Mahlzeiten an, die die Kalande zum Teil unverdienterweise in den Ruf des Schlemmens brachten. Übrigens schlossen sich die Kalande auch gegen die Aufnahme von Laien nicht ab. Auf einem Lesefehler beruht die Nachricht von einem Siechenhause des Minderen Kalandes in der Papenstraße: es handelt sich um das Steinhaus des Kalandes. Ähnliche Zwecke wie die Kalande verfolgte die Marien-Gertruden- oder die Elenden-Bruderschaft, die ausgesprochenermaßen in der Absicht gegründet war, um für das Begräbnis von Elenden, d. h. Fremden, zu sorgen. Außerdem hatten sich die Vikare der Kirchen zu drei Bruderschaften vereinigt, ebenfalls mit der Absicht, für die Mitglieder Memorien zu veranstalten, und endlich gab es noch, wahrscheinlich wiederum in allen drei Kirchspielen Papen-Kollatien oder gesellige Vereinigungen von Geistlichen in eigenen oder gemieteten Häusern.

Wie stark neben dem Weltklerus die Klostergeistlichkeit vertreten gewesen sein mag, entzieht sich unserer Kenntnis. Vertreten war sie durch zwei Bettelklöster. Die Franziskaner oder Grauen Mönche waren schon um die Mitte des 13. Jahrhunderts in Wismar eingezogen, die Dominikaner oder Schwarzen Mönche aber folgten ihnen 40 Jahre später nach. Diese letzten mußten sich schon allerhand Bedingungen gefallen lassen. Sie sollten den ihnen zugewiesenen Raum nicht durch Zukaufen erweitern, der Stadt, wenn diese von der Geistlichkeit beschwert würde, beistehn und Sendungen übernehmen, an Sonn- und Festtagen nach der Mahlzeit in St. Marien predigen, nicht von Tür zu Tür Malz oder Getreide erbitten. Endlich erkannten sie an, daß nach der Ordnung des Lübischen Rechts verfahren werden solle, wenn ihnen Grundstücke vermacht würden. Sie durften also diese nicht behalten, sondern mußten sie binnen bestimmter Zeit an Bürger verkaufen. Und das ist auch durchgeführt und zwar nicht nur den Dominikanern gegenüber, sondern gegenüber der gesamten Geistlichkeit.

Auch auswärtige Klöster haben sich um Niederlassungen in Wismar bemüht und auch gegen die Verpflichtung, eine jährliche Anerkennungszahlung zu leisten, den Damm gleich Bürgern zu bessern und nur an Bürger zu verkaufen, Höfe erwerben können. Namen und Daten sind an einer früheren Stelle angegeben.

Von größerer Wichtigkeit für die Stadt waren die beiden Hospitalien zum Heil. Geist und St. Jakobs, zumal das erste. Es begegnet gleich auf den ersten Blättern des ältesten Stadtbuchs, also um 1250, urkundlich aber, Landbesitz erwerbend, schon 1253. Nach einer seiner frühesten Urkunden war seine Bestimmung, durch tägliche Almosenspenden Werke der Barmherzigkeit zu üben, Kranke zu erquicken, Arme und im Geiste Gequälte zu trösten, Dürftige, die kein Unterkommen finden konnten, zu herbergen. Bereits im

Jahre 1255 gestand auf Fürbitte des Rates der Bischof die An=
legung eines Kirchhofs zu und gestattete er Gottesdienst für die
Siechen. Die Pfründner haben wahrscheinlich Gehorsam und
Keuschheit geloben müssen. Ihr Nachlaß fällt noch jetzt dem
Hospital zu. Der rasch und ansehnlich anwachsende Besitz des
Heiligen Geistes stand von Anfang an unter der Aufsicht und
Leitung des Rates oder der Bürgermeister, wie z. B. der Rat
schon vor 1300 Eigentum des Hospitals aufläßt und Leibrenten
daraus verkauft und die ältesten Urkunden mit denen der Stadt
in einem nach Verlust der Originale authentifizierten Kopiar, dem
Privilegienbuch, vereinigt sind. Die große Wirtschaft ward durch
Hofmeister besorgt.

Vor der Stadt an der Hauptverkehrsstraße, also Lübeck zu,
lag, wie das allgemein üblich war, das Aussätzigenhaus, zu frühest
unter dem Patronate und auch wohl an der Stelle von
St. Georgen, dann nach der Stadterweiterung nach Westen ver=
schoben und St. Jakob unterstellt. Als Aussätzigen=Hospital be=
gegnet St. Jakobs ohne den Namen seines Patrons zuerst zwischen
1260 und 1272, danach vielfach als Hospital schlechtweg und erst
in den neunziger Jahren des 13. Jahrhunderts als St. Jakobs,
1340 als Leproserie oder St. Jakobs Haus. 1445 erscheinen die
armen und verwiesenen Leute, auch noch nach 1480 einmal die
Aussätzigen. Jedoch muß das Hospital die Gesunden nicht mehr
sehr geschreckt haben, da 1467 der Bürgermeister Peter Langejohann
dort das Ergebnis der Verhandlungen über seine Rückkehr ab=
warten und 1481 der Ratzeburger Bischof in der Kirche mit
Ratssendeboten verhandeln wollte. Als Vorsteher treffen wir auch
hier Ratmannen neben Hofmeistern. Die Kapelle ist 1631 zer=
stört, der Hof aber im Laufe der Zeit zu einem reinen Pachthofe
geworden.

Auch außer dem Aussatze fehlte es an Krankheitsplage nicht,
ja es traten verheerende Seuchen erschreckend oft auf. Ich nenne
nur die Jahre 1350, 1376, 1387, 1405, 1439, 1451, 1464,
1495 und 1496, die als Pestjahre überliefert oder erkennbar sind.
Trotzdem wissen wir von ihrer Bekämpfung fast nichts. Im
Jahre 1350 suchte man die Schuld bei Juden oder Brunnen=
vergiftern und begann deshalb eine Judenverfolgung, ordnete
aber verständiger zugleich an, daß die Frauen nach dem Begräb=

nisse und Begängnisse das Sterbehaus nicht zur Totenklage betreten sollten. Als wirksam gegen Ansteckung sah man noch im Anfange des 17. Jahrhunderts Lavendel, Krauseminze und Rauchknöpfe an. Der 1464 verstorbene Pfarrer von St. Georgen Gerhard Werkman war Licenciat der Medizin, eine Ärztin (medicatrix) Katharina hat 1326 das Bürgerrecht erworben, dagegen mußten 1402 zwei Weiber die Stadt verschwören, umme dat se pleghen glese to bekifende unde to arstedigende. Ein Apotheker hatte schon um 1300 einen Garten in Pacht. Von der Apotheke und des Rats Wundarzte war vorher die Rede. Krankenhaus und Tollkiste treten uns erst um 1600 entgegen, woraus jedoch nicht zu schließen ist, daß sie erst damals eingerichtet sind.

Daß in Wismar Begarden gelebt haben, erfahren wir durch Herman Körner, der erzählt, daß ein solcher namens Bernhard 1403 als hartnäckiger Ketzer verbrannt ist. Sonst ist es, obgleich das Dominikanerkloster Ketzerinquisitoren unter seinen Insassen zählte, von Ketzerei still, und, was in der neuesten verdienstvollen Geschichte Meklenburgs davon berichtet wird, auf irrtümlicher Auslegung einer Urkunde beruhend. Hinrichtungen wegen Zauberns sind 1496 und 1512 vollstreckt, während noch in der ersten Hälfte des 15. Jahrhunderts die dessen Beschuldigten mit der Untersuchung oder auch Stadtverweisung und Ausstellung am Pranger davon kamen.

Beginen waren schon vor 1300 in der Stadt ansässig, und bald darauf erscheinen die drei Konvente, die noch in der Gegenwart als Witwen- oder Gasthäuser dienen. Die Insassen lebten in klösterlicher Art zusammen und widmeten sich unter anderem der Krankenpflege. In Wismar pflegten sie auch die Lichte für die Hochzeiten herzustellen und zu dem Zwecke vorher ins Hochzeitshaus zu kommen. Mädchen aus guter Familie, die in ein Kloster treten sollten oder wollten, fanden in der Nähe in Neukloster und Rehna, weiter ab aber in Rühn, Dobbertin und Ribnitz, vereinzelt in Rostock Gelegenheit und Aufnahme; ob auch unter den Nonnen anderer Meklenburgischer Klöster Wismarsche Namen ans Licht kommen werden, muß die Zeit lehren.

Eine öffentliche Armenpflege kannte das Mittelalter

nicht. Auch in Wismar ließ man, soweit nicht durch die Hospitäler und Klöster gesorgt war, das Feld privater Wohltätigkeit frei. Diese aber ward in reichem Maße geübt, wenn anders der Eindruck, den die Unzahl der Vermächtnisse und Stiftungen machen, irgend zuverlässig ist. So wissen wir allein von 14 Stiftungen von Armenhäusern oder, wie man ehemals sagte, Gasthäusern, die bis zum Ausgange des 15. Jahrhunderts entstanden sind. Meist waren es eine Anzahl Buden oder Keller, die dann je für eine bis zwei Personen Raum boten, aber oft, da eine Rücklage für die Unterhaltung und Besserung nur in selteneren Fällen vorgesehen war, wieder von der Bildfläche verschwunden sind. Meist ward nur Wohnung und höchstens noch Feurung gewährt. Dagegen verfügten andere Stiftungen — die älteste bekannte von Joh. Middelfar von 1318 — und Vermächtnisse die Verteilung von Leinwand und Tuch und Schuhen, Brot, Bier, Speck, Butter, Heringen, Erbsen, Geld, zum Teil in Anschluß an Memorien, zum Teil aber auch sonntäglich in den Kirchen an aufgeschlagenen Tafeln. Aus solchem Anlaß ist die Böbbekerkapelle in St. Georgen dem Volke zur Butterkapelle geworden. Auch die Aussteuer armer Mädchen war in Stiftungen bedacht. Bei weitem die meisten dieser Stiftungen sind namenlos geworden und vergessen, nachdem sie in der Reformationszeit und später entweder mit den Almosentafel-Hebungen der drei Kirchen oder sonst vereinigt sind. Auch der Lebende hatte eine offene Hand, und wenn auch der Mißbrauch des Wohltätigkeitssinnes nicht zu übersehen war und schließlich Warnungen vor Schwindlern und namentlich auch fremden Bettlern in den Bürgersprachen hervorrief, auch nach der Reformation zur Ausgabe von Bettelzeichen führte, so konnte doch noch 1581 die bezeichnende Äußerung fallen, daß zu protestieren und appellieren und Brot zu betteln einem jeden zugelassen sei. Soweit die Bettler nicht von Haus zu Haus gingen, waren die Kirchhöfe und die Umgebung der Kirchtüren ihr bevorzugter Platz. Auch waren bei den Kirchtüren im Winter auf Grund von Stiftungen Feuerschapen aufgestellt, an denen Arme sich wärmen konnten.

Zum Schluß von den Schulen. Es bestanden ihrer zwei, eine für die Kirchspiele von St. Marien und St. Georgen gemeinsam in dem wundervoll zierlichen Gebäude, das seit Begründung der Großen Stadtschule die Alte Schule heißt, und die andere für St. Nikolai. Das Patronat über die Schulen ward schon 1279 von der vormundschaftlichen Regierung an den Rat abgetreten, hernach aber wollte Heinrich der Löwe das nicht anerkennen und übertrug es seinerseits 1323 an Bischof Markwart von Ratzeburg. Dieser verzichtete dann 1331 unter Zustimmung seines Kapitels auf seine Ansprüche und überließ den Ratmannen sein Recht über alle Wismarschen Schulen dergestalt, daß sie für ewige Zeiten alle Schulen frei und unangefochten haben und verleihen sollten. So ist die Stadt schließlich doch in den ruhigen Besitz des im Mittelalter hoch bewerteten Rechts gelangt und seitdem darin verblieben. Geübt hat sie es in früherer Zeit durch Anstellung der Rektoren, Bestimmung der Schuldistrikte, Festsetzung des Schulgeldes und der Gebühren für Benutzung von Büchern des Schulmeisters durch die Schüler, Anordnung über das Lichthalten und im 16. Jahrhundert durch die Einrichtung der Großen Stadtschule und Ausbildung der Schulaufsicht. Über den Betrieb der Schulen und ihren Besuch gebricht es so ziemlich an allen Nachrichten. Nur von der Verpflichtung der Schulmeister und Schüler zu Hülfeleistung beim Gottesdienst haben wir ausreichend Kunde, und aus der beregten Anordnung über das Lichthalten läßt sich ableiten, daß die Unterrichtsstunden im Mittelalter wohl zwischen 7 und 4 gelegen haben. Auf die Leistungen aber dürfen wir insofern schließen, als wir annehmen müssen, daß die Geistlichen und später die Studierenden eine genügende Vorbildung gefunden haben, und als wir wissen, daß 1334 Männer im Rate saßen, die eine Lateinische Urkunde lesen konnten, was sie doch wohl in ihrer Vaterstadt selbst gelernt haben müssen.

Literatur.

Meklenburgisches Urkundenbuch. — Dietr. Schröder, Meklenb. Kirchen=
historie des papistischen Meklenburg (Pap. Mekl.), Wismar 1739, 1741. —
Hansereceffe. — Hansisches Urkundenbuch. — Lübeckisches Urkundenbuch. —
Crull, Kämmereiregister der St. Wismar 1326—1336, Jahrb. f. Mekl.
Gesch. 29, S. 77—108. — Crull, Die Chronik Heinrichs v. Balsee, ebb. 43,
S. 165—186. — Crull, Über eine Inschrift im Chore des Dominikaner=
Klosters zu Wismar, ebb. 45, S. 21—32. — Crull und Techen, Die Grab-
steine der Wismarschen Kirchen, ebb. 54, S. 111—152, 55, S. 237—260, 56,
S. 95—148.

Dietr. Schröder, Kurze Beschreibung der Stadt u. Herrschaft Wismar,
Wismar 1743. Neudruck 1860. — Techen, Überblick über die Geschichte
Wismars, Jahrb. f. Mekl. Gesch. 56, S. 1—17. — Techen, Die Gründung
Wismars, Hans. Gesch.=Bl. Jahrg. 1903, S. 121—134. — Crull, Die
Bistums= und Kirchspielsgrenzen in und bei Wismar, Jahrb. f. Mekl. Gesch.
41, S. 113—150. — Techen, Die Straßennamen Wismars, ebb. 66,
S. 65—114. — Techen, Die Bevölkerung Wismars und die Wachtpflicht
der Bürger, Hans. Gesch.=Bl. Jahrg. 1890/91, S. 65—94.

Crull, Zur Geschichte der Baukunst in Wismar, Jahrb. f. Mekl. Gesch.
56, S. 18—32. — Schlie, Kunst= und Geschichts=Denkmäler des Grhgt.
Meklenburg=Schwerin, II, S. 1—221. — Crull, Michael Kopmanns Chronik
St. Nikolai zu Wismar; die Dekoration des Innern der Kirche St. Nikolai
zu Wismar, Jahrb. f. Mekl. Gesch. 47, S. 53—110. — Techen, Die Weihe
des Chors und Hochaltars zu St. Nikolai, ebb. 60, S. 179—183. — Crull,
Der Schrein des Hochaltars zu St. Jürgen, ebb. 49, S. 40—72. — Crull,
Die Altartafel im h. Geiste zu Wismar, ebb. 58, Berichte S. 10—15.

Crull, Die Ratslinie der Stadt Wismar, Hans. Gesch.=Du. 2. —
Techen, Die Wismarschen Unruhen im ersten Drittel des 15. Jahrhunderts,
Jahrb. f. Mekl. Gesch. 55, S. 1—138. — Crull, Die Händel des Bürger-
meisters Peter Langejohann, ebb. 36, S. 55—106. — Techen, Die Bürger-
sprachen der Stadt Wismar, Hans. Gesch.=Du. N. F. 3. — Crull, E. E. Rats
Weinkeller zu Wismar, Jahrb. f. Mekl. Gesch. 33, S. 41—87. — Techen,
Wismar und die Vemgerichte, ebb. 61, S. 15—74. — Crull, Das Amt der
Goldschmiede zu Wismar, Wismar 1887. — Techen, Aus dem Amtszeuge-
buche der Wismarschen Wollenweber, Jahrb. f. Mekl. Gesch. 58, S. 31—49.
— Techen, Etwas von der mittelalterlichen Gewerbeordnung insbes. der
Wendischen Städte, Hans. Gesch.=Bl. Jahrg. 1897, S. 19—104. — Techen,
Die Morgensprache der Wismarschen Bäcker, ebb. Jahrg. 1909, S. 509—521.

Crull, Das Geschlecht der Hahnstert oder Hahnenzagel, Jahrb. f. Mekl.
Gesch. 34, S. 153—170. — Crull, Bischof Nikolaus Böbbeker von Schwerin,
ebb. 24, S. 24—43.

MIX
Papier aus verantwortungsvollen Quellen
Paper from responsible sources
FSC® C105338

Printed by Libri Plureos GmbH
in Hamburg, Germany